Brian Davies

Thomas von Aquin

Eine kurze Einführung

editiones scholasticae

Brian Davies

Thomas von Aquin

Eine kurze Einführung

Übersetzung aus dem Amerikanischen von
Rafael Hüntelmann

editiones scholasticae

Bibliographic information published by Deutsche Nationalbibliothek

The Deutsche Nationalbibliothek lists this publication in the Deutsche Nationalbibliographie; detailed bibliographic data is available in the Internet at http://dnb.ddb.de

Titel der englischen Originalausgabe:
Brian Davies
Thomas Aquinas
A Very Brief History
SPCK, London 2017 | ISBN 978-0-281-07611-6

Wir danken den Verlag SPCK für die Überlassung der deutschsprachigen Rechte

53819 Neunkirchen-Seelscheid
www.editiones-scholasticae.de

ISBN 978-3-86838-214-3

2019

Printed on acid-free paper

Printed in Germany
by CPI buchbücher.de, Birkach

Inhalt

Vorwort

Die Bände der „Very Brief History"-Reihe sind dazu gedacht, eine prägnante Einführung zu den wichtigsten Persönlichkeiten, Bewegungen oder Ideen zu geben. Sie sind für Leser bestimmt, die sich zum ersten Mal mit bestimmten Themen befassen. Im Folgenden habe ich mir zum Ziel gesetzt, diese Anforderungen zu erfüllen. Im Besonderen habe ich versucht, Thomas von Aquin für Leser einzuführen, die keine vorhergehenden Kenntnisse von ihm haben, ebenso wenig wie vom mittelalterlichen Denken oder der akademischen Philosophie oder Theologie.

Ich beginne mit einem Bericht über Thomas' Leben und seinen Geist. Im Anschluss erkläre ich seine hauptsächlichen Lehren. Schließlich stelle ich heraus, wie Thomas seit seinem Tod aufgenommen wurde, wobei ich zugleich einige Bemerkungen über seinen Wert und die Zugänglichkeit als Autor, dem sich heutige Leser zuwenden möchten, machen werde. Mit vielen anderen halte ich Thomas von Aquin für einen faszinierenden Autor, der von besonderem Interesse ist, wenn es um die Vermittlung einer Reihe von philosophischen und theologischen Fragen geht. Ich hoffe, dass die Leser dieses Buches mir zum Schluss im Großen und Ganzen werden zustimmen können.

Es ist nicht leicht, Thomas von Aquin in einfacher Weise zusammenzufassen. Obwohl dieses Buch kurz sein muss, habe ich mich doch bemüht, eine solide Erklärung zu Thomas' Denken zu geben. Meine Hoffnung ist, dass der Leser das Buch zu Ende lesen und vieles über Thomas lernen wird, und dass er sehen wird, warum man ihn ernst nehmen kann. Ich hoffe auch, dass ich genug über Thomas von Aquin und sein Vermächtnis gesagt habe, um Anregungen für all diejenigen zu geben, die auf diese Weise darauf vorbereitet sind, weiterzugehen und Thomas im Detail zu studieren.

Ich danke Philip Law vom Verlag SPCK für die Einladung, dieses Buch zu schreiben, und dafür, dass er mich während der Vorbereitung ermutigt hat. Für Ratschläge während der Zusammenstellung danke ich Christopher Arroyo, Kelsey Boor, James Claffes, Joseph Incandela, Paul

Kucharski und Turner Nevitt. Ebenso danke ich Joanna Hill, meiner Lektorin, für ihre sorgfältige Arbeit und ihre hilfreichen Vorschläge.

Zeittafel

1224/6	Geboren in Roccasecca
1231-1239	Studium in Monte Cassino
1239-1244	Studium an der Universität Neapel
1244	Eintritt in den Orden der Dominikaner
1245-1252	Arbeiten und Studium in Paris und Köln
1252-1259	Lehre an der Universität Paris
1261	Beginn des Unterrichts am Priorat der Dominikaner in Orvieto
1265-1268	Lehre in Santa Sabina in Rom
1268-1272	Erneute Lehrtätigkeit an der Universität Paris
1272-1273	Lehrtätigkeit in Neapel
1274	Thomas stirbt auf dem Weg zum Zweiten Konzil von Lyon
1323	Heiligsprechung

Teil 1

Die Geschichte

1

Wer war Thomas von Aquin?

Thomas von Aquin ist einer der größten christlichen Denker aller Zeiten. 1568 erklärte die römisch-katholische Kirche ihn zum Kirchenlehrer. Seine Schriften waren auch für Philosophen einflussreich, und nur wenige würden heute bestreiten, dass Thomas es verdient, den philosophischen Giganten zugeordnet zu werden, neben Platon (427–348 v. Chr.), René Descartes (1596–1650), Immanuel Kant (1724–1804) und Ludwig Wittgenstein (1989–1951).

Thomas von Aquins Leben

Thomas von Aquin war Italiener und wurde in einer aristokratischen Familie geboren, deren Haus das Schloss Roccasecca war, das zwischen Rom und Neapel lag. Sein Taufname war Thomas. „Von Aquin“ (de Aquino) war sein Familienname. Er wurde geboren um 1224–1226.

Als er etwa fünf Jahre alt war, schickten ihn seine Eltern zum Studium in die Abtei Monte Cassino, ein benediktinisches Kloster, das vom heiligen Benedikt (480–547) selbst gegründet worden war. Hier wurde Thomas in Schreiben und Grammatik unterrichtet. Ebenso wurde er in die Bibel und in die Schriften von Theologen wie Augustinus von Hippo (354–430) und Gregor dem Großen (540–604) eingeführt. Wir können davon ausgehen, dass Thomas als Schüler seine Lehrer in Monte Cassino durch sein bemerkenswertes Talent beeindruckt hat.

Im Jahre 1239 verließ Thomas Monte Cassino, um sein Studium an der heute sogenannten Universität Friedrichs II. in Neapel fortzusetzen. Während dieser Zeit wurde Thomas in die Philosophie des Aristoteles (384–

322 v. Chr.) eingeführt, dessen Ideen ihn in großem Umfang beeinflusst haben.

Die Eltern Thomas von Aquins scheinen gehofft zu haben, dass er schließlich Abt von Monte Cassino werden würde. Während seiner Studienzeit in Neapel entschied er sich jedoch, sich einem neuen Orden anzuschließen: den dominikanischen Brüdern, die vom hl. Dominikus Guzman (1170–1221) gegründet worden waren. Thomas wurde Dominikaner, und zwar im Jahre 1242 oder 1243.

Wie andere Mönche auch, leben Dominikaner in Gemeinschaften, deren Häuser üblicherweise als Priorate bezeichnet werden. Anders als andere Mönche verbleiben Dominikaner jedoch nicht an einem einzigen Ort. Sie ziehen von einem Priorat zum anderen, während sie ihrer Hauptbeschäftigung, dem Predigen, nachkommen. Weil sie der Auffassung sind, dass das beste Predigen das Ergebnis von Studium und Kontemplation ist, sind sie oft in akademischen Kontexten tätig, etwa in Schulen und Universitäten, was die Tatsache erklärt, dass Thomas heutzutage gut bekannt ist als Lehrer und Autor. Er stellte einmal die Frage, wie der beste religiöse Orden beschaffen sein solle. Seine Antwort lautete: „Religiöse Institute, die sich der Lehre und dem Predigen widmen, haben die höchste Stellung.“[1]

Thomas' Familie war dagegen, dass er Dominikaner wurde. Tatsächlich setzten sie ihn für ungefähr ein Jahr in einer Art Hausarrest fest. Zum Ende des Jahres 1248 jedoch konnte er zu seinen dominikanischen Brüdern zurückkehren und lebte in Köln, wo er unter der Leitung von Albert dem Großen (1206–1280) studierte, für den er als Sekretär tätig war. Im Jahre 1248 galt Albert als einer der berühmtesten Stars der akademischen Dominikaner, und wir besitzen Abschriften von Vorlesungen Alberts aus der Hand Thomas von Aquins.

Thomas von Aquins intellektuelle Fähigkeiten wurden von Albert gut erkannt. Zur rechten Zeit sandten ihn deshalb seine Oberen an die Universität Paris, auf dass er dort unterrichte. Paris war eines der wenigen mittelalterlichen Studienzentren mit internationaler Reputation. Die Universität hatte eine „Artistenfakultät“, in der das studiert wurde, was wir

[1] *Summa Theologiae* 2a2ae. 188.6.

heute als Philosophie bezeichnen. Anders als die Universität von Neapel unterstand sie jedoch der Autorität der Kirche und war bestens bekannt als ein Trainingsplatz für Theologen. Es war die Arbeit in der Theologischen Fakultät, die Thomas nach Paris führte, ungefähr um 1251.

Zunächst begann er mit einer Vorlesung über biblische Texte. Er unterrichtete Klassen in *Isaias*, und er könnte auch über *Jeremias* gelehrt haben. Dann legte er Vorlesungskommentare über die *Sentenzen* des Peter Lombardus (1100–1160) vor - eine Arbeit, die Mitte des 13. Jahrhunderts zu einem Standardtextbuch zur christlichen Lehre an der Universität geworden war.

Im Jahre 1256 wurde Thomas zu einem Magister in Theologie befördert, und seine Antrittsvorlesung in dieser Position konzentrierte sich auf das, von dem er annahm, dass die neue Aufgabe es von ihm forderte. Die Vorlesung diskutierte Psalm 103,13 (nach der Vulgata Psalm 104): „Wenn du den Berg von oben bewässerst, wird die Erde mit der Frucht deiner Werke erfüllt sein."[2] Mit diesem Text im Gedächtnis achtete Thomas darauf, dass Lehrer der Theologie erklären sollten, was Gott geoffenbart hat, wobei man anerkennen sollte, dass die Worte das menschliche Verständnis übersteigen. Thomas sagte, dass Lehrer der Theologie moralisch gut sein sollten, außerdem gut informiert und in der Lage, gut zu argumentieren.[3]

Als Magister der Theologie hatte er Vorlesungen über die Bibel zu geben und Predigten zu halten. Ebenso war er verpflichtet, „Disputationen" oder „disputierten Fragen" (*Quaestiones Disputatae*) vorzustehen. Dies waren Debatten, die theologische Themen betrafen, in denen Argumente für und gegen verschiedene Schlussfolgerungen vorgestellt wurden, die dann von einem Magister kommentiert wurden. Viele Schriften Thomas von Aquins sind aus solchen Disputationen, an denen er teilnahm, hervorgegangen.

---

[2] Die Vulgata ist die lateinische Übersetzung der Bibel aus dem späten 4. Jahrhundert, die in großen Teilen vom hl. Hieronimus (347–420) stammt. Sie wurde im 13. Jahrhundert allgemein verwendet. Im 16. Jahrhundert wurde sie die offizielle lateinische Version der Bibel der katholischen Kirche.

[3] Zum Text von Thomas' Einführungsvorlesung als Magister der Theologie vgl. Albert und Thomas: Selected Writings, translated, edited and introduced by Simon Tugwell (Paulist Press: New York and Mahwah, NJ, 1988).

Um 1261 verließ Thomas Paris, um an dem Priorat der Dominikaner im italienischen Orvieto zu unterrichten. Im Jahre 1265 wurde er jedoch beauftragt, ein Studienhaus für Dominikaner in Santa Sabina in Rom zu gründen. Hier scheint er freie Hand für das bekommen zu haben, was er unterrichtete, obwohl er, einer traditionellen Routine folgend, mit Vorlesungen über Lombardus' *Sentenzen* begann.

1268 kehrte Thomas als Magister der Theologie nach Paris zurück und blieb in dieser Stellung bis 1272, als er nach Neapel ging, um ein Studienhaus für Dominikaner zu gründen, während er gleichzeitig an der Universität Neapel lehrte. Während dieser Zeit fuhr er fort zu lehren und zu schreiben. Aber sein Gesundheitszustand begann sich bald zu verschlechtern und verschlechterte sich schnell weiter, als er versuchte, zum Zweiten Konzil von Lyon (1272–1274) zu reisen, zu dem er als theologischer Berater bestellt worden war. Er war offensichtlich schon krank, bevor er Neapel verließ, und wurde rasch noch kranker, als er nach Lyon zu reisen versuchte. Er starb in der Abtei von Fossanova am 7. März 1274. Die Ursache seines Todes ist unklar, obwohl oft vermutet wird, dass Thomas von Aquin an den Folgen eines Schlaganfalls oder eines allgemeinen physischen oder mentalen Zusammenbruchs als Folge seiner Überarbeitung gestorben ist.

Thomas von Aquins Schriften

Thomas könnte seine literarische Karriere schon zu seiner Zeit in Köln begonnen haben. Einige Gelehrte meinen, dass seine Schrift *De Principiis Naturae* (*Über die Prinzipien der Natur*) aus dieser Zeit stammen könnte. Wir dürfen aber sicher sein, dass seine Schreibleistung nach 1251 dramatisch angestiegen ist. Zwischen 1251 und 1274 war er außerordentlich produktiv. Er verfasste bis zu seinem Ende ungefähr 100 Schriften unterschiedlicher Länge. Einige sind direkt theologisch, während andere Schriften einen eher philosophischen Schwerpunkt haben oder Theologie und Philosophie miteinander verbinden.

Eine der kurzen philosophischen Arbeiten ist *De Principiis Naturae*. Auf der Grundlage von Aristoteles diskutiert diese Schrift Begriffe wie Veränderung, Natur und Kausalität. Vergleichbar mit *De Principiis Naturae* ist die

Schrift *De Ente et Essentia* (*Über das Sein und das Wesen*), in der argumentiert wird, dass (a) eine Unterscheidung gemacht werden kann zwischen der Existenz gewisser Dinge (der bloßen Tatsache ihrer Existenz) und ihrem Wesen (was sie ihrer Natur nach sind), und dass (b) diese Unterscheidung nicht auf Gott zutrifft.

Im Hinblick auf Thomas' längere Schriften mit philosophischen Themen kann sich der Leser den vielen Kommentaren zu Aristoteles zuwenden. Thomas kommentierte die folgenden aristotelischen Texte: *Über die Seele, De sensu et sensibilibus, Über das Gedächtnis, Physik, Meteorologie, Kategorien und Hermeneutik, Analytica posteriora, Nikomachische Ethik, Politik, Metaphysik, Über die Himmel* und *Entstehen und Vergehen.*[4] Zusammengenommen sind die Kommentare Thomas von Aquins zu Aristoteles eine außergewöhnliche Leistung. Sie sind umso bemerkenswerter, wenn wir im Blick behalten, dass Thomas niemals formal gebeten wurde, Vorlesungen zu Aristoteles zu halten. Und es ist bemerkenswert, dass moderne Aristotelesforscher dazu neigen, Thomas von Aquins Erläuterungen zu Aristoteles für sehr gute Kommentare zu halten, die dasjenige, was Aristoteles zu sagen hat, aufs deutlichste erklären.

Ebenso wie Thomas Aristoteles kommentierte, schrieb er auch das *Liber de Causis* (*Buch über die Ursachen*), über die *Göttlichen Namen* des Pseudo-Dionysius sowie *De Trinitate* (Über die Dreifaltigkeit) und über die Schrift *De Hebdomadibus* des Boethius (480–524). Das *Buch über die Ursachen* ist die Arbeit eines unbekannten Autors, basierend auf den *Elementen der Theologie* des griechischen Philosophen Proklos (412–485 v. Chr.). Auch die Schrift *Über die göttlichen Namen* stammt von einem Autor, den wir nicht kennen. Zu Zeiten Thomas von Aquins nahm man fälschlicherweise an, dass diese Schrift von Dionysius stamme, der im 17. Kapitel der Apostelgeschichte als ein Jünger des Apostels Paulus genannt wird. Seine moderne Bezeichnung ist daher „Pseudo-Dionysius".[5] Boethius, dessen Einfluss auf Thomas bedeutsam ist, ist vor allem bekannt durch seine Schrift *Trost der Philosophie*, die Thomas aber nie kommentiert hat.

---

[4] Eine vollständige Ausgabe der Werke des Aristoteles in deutscher Übersetzung erscheint im Akademie Verlag Berlin.

[5] Einige Schriften von Pseudo-Dionysius sind in deutscher Übersetzung erhältlich beim Verlag A. Hirsemann.

Zu den längsten theologischen Schriften Thomas von Aquins gehören seine Kommentare zur Bibel. Er schrieb Kommentare zu Isaias, Jeremias, Job, den Psalmen, Matthäus, Johannes, dem Römerbrief, dem Brief an die Galater, dem 1. und 2. Korintherbrief, dem Epheserbrief und dem 1. Brief an die Thessalonicher. Von Thomas wird oft behauptet, er habe allein philosophische Interessen gehabt. Dass dies nicht zutrifft, beweisen seine Bibelkommentare.

Wie schon weiter oben gesagt wurde, beinhalten seine Schriften Texte von Disputationen, über die er den Vorsitz führte. Als Erstes erschien *De Veritate* (Über die Wahrheit), eine Schrift, die aus den Jahren 1256–1259 stammt. Anschließend verfasste Thomas von Aquin eine Anzahl von Schriften unter dem Titel *Disputierte Fragen*, die ihm zugeschrieben werden. Sie umfassen *De Potentia (Über Gottes Vermögen)*, *De Anima (Über die Seele)*, *De Spiritualibus Creaturis (Über die geistigen Geschöpfe)*, *De Malo (Über das Böse)*, *De Virtutibus (Über die Tugenden)* und *De Unione Verbi Incarnati (Über die Inkarnation)*.

Thomas von Aquin ist heute aber wahrscheinlich am besten bekannt durch seine Schriften *Summa Contra Gentiles* (künftig abgekürzt durch SCG) und die *Summa Theologiae* (künftig ST). Bei beiden handelt es sich um lange Abhandlungen, und Thomas starb, bevor er die zweite Schrift beenden konnte. Aber jede dieser Schriften führt uns ins Herz des thomistischen Denkens.

Die *Summa Contra Gentiles* und die *Summa Theologiae*

Das Wort *summa* kann mit „Zusammenfassung" übersetzt werden, und mittelalterliche Autoren produzierten *summae* (der Plural von *summa*) zu verschiedenen Themen. Diese *summae* waren gedacht als umfassende Darstellungen eines bestimmten Untersuchungsgebiets. Folglich erklärt die SCG, wie die Vernunft, ohne Hilfe der Offenbarung, uns zu wahren Überzeugungen über Gott führen kann und wie die christlichen Lehren, die auf der Offenbarung gründen, in einer bestimmten Hinsicht nicht inkohärent oder sinnlos sind. Und die ST liefert einen Überblick und eine Diskussion der christlichen Theologie im Ganzen.

Die *Summa Contra Gentiles*

Wahrscheinlich begann Thomas die Arbeit an der SCG vor dem Juni 1259 und stellte sie zum Ende des Jahres 1265 fertig.[6] Aber warum begann er die Arbeit an der SCG, und wen hatte er im Blick, als er sie schrieb?

Es gibt eine Tradition, die auf das Jahr 1314 zurückgeht, nach der Thomas von Aquin die SCG als ein Handbuch für den Gebrauch von Dominikanern schrieb, die an Orten tätig waren, wo der Islam dominierte. Und diese Tradition steht in Übereinstimmung mit der Tatsache, dass in der Mitte des 13. Jahrhunderts Dominikaner ein ernstes Interesse an der missionarischen Arbeit unter Moslems entwickelten. Sie stimmt auch mit der Tatsache überein, dass der früheste und am besten belegte Titel für das, was wir heute als SCG bezeichnen, *Liber de Veritate Catholicae Fidei contra Errores Infidelium* war (*Ein Buch über die Wahrheit des katholischen Glaubens gegen die Irrtümer der Ungläubigen*)[7].

Auf der anderen Seite liest sich die SCG jedoch nicht als ein Buch, das speziell an Menschen islamischen Glaubens gerichtet ist. Tatsächlich verteidigt es eine Anzahl von Positionen, von denen Thomas wusste, dass sie von Moslems vertreten werden.

Für das bestmögliche Verständnis des Zwecks der SCG sollte man beachten, was Thomas im ersten der vier Bücher der SCG sagt, wo er die Intention des Gesamtwerkes erläutert.

---

[6] Im mittelalterlichen Sprachgebrauch bedeutet das Wort „gentiles" so viel wie „Menschen, die nicht an Gott glauben" oder „Menschen, die weder Juden noch orthodoxe Christen sind".
[7] Es ist nicht immer einfach zu bestimmen, was der Titel mittelalterlicher Autoren intendierte, denn die Werke gelangten unter verschieden Titeln zu uns. Daher mein Ausdruck „der am besten belegte Titel". Weil ihnen Computer und Verlage fehlten, die in der Lage waren, ihre Arbeiten zu drucken, waren mittelalterliche Autoren wie Thomas angewiesen auf Manuskripte und auf Personen, die diese transkribierten.

Er beginnt mit der Bemerkung, dass ein Weiser von der Frage berührt wird, worauf *alle* Dinge gerichtet sind, sowie von der Frage, woher alle Dinge ihren Ursprung haben. Damit meint Thomas natürlich Gott, den er das Erste Prinzip nennt, durch das alle Dinge existieren.

Dann bemerkt er, dass das Nachdenken über Gott einen weisen Menschen dazu führen könnte, alle Irrtümer über Gott zurückzuweisen. Und er fährt fort: „Nachdem wir also aus der göttlichen Güte die Zuversicht geschöpft haben, die Aufgabe des Weisen zu übernehmen, wenn es auch über die eigenen Kräfte hinausgeht, haben wir uns als Ziel vorgenommen, die Wahrheit, die der katholische Glaube bekennt, nach unserem Vermögen darzulegen und dabei entgegenstehende Irrtümer auszuschließen.“[8]

In der SCG behauptet Thomas, dass viele Behauptungen des Glaubens über Gott unterstützt werden durch rein philosophische Argumente. Er akzeptiert jedoch auch, dass es viele christliche Glaubenssätze gibt, die nicht allein durch philosophische Beweise als wahr demonstriert werden können. Zugleich denkt er aber, dass solche Glaubensüberzeugungen verteidigt werden können gegen die Behauptung, dass sie *nicht wahr sein können.* So schreibt er:

> Deshalb ist es notwendig, auf die natürliche Vernunft zurückzugreifen, der alle beizustimmen gezwungen sind. Diese ist allerdings in Bezug auf die göttlichen Dinge mangelhaft.
> Zugleich aber werden wir bei der Untersuchung einer Wahrheit darlegen, welche Irrtümer durch sie ausgeschlossen werden und in welcher Weise die beweisbare Wahrheit mit dem Glauben der christlichen Religion übereinstimmt.[9]

Hier sagt Thomas, dass er in der SCG erklären will, (a) was man über Gott durch philosophische Untersuchung allein erkennen kann, und (b) wie

---

[8] SCG I,2. Wenn Thomas das Wort ‚katholisch“ gebraucht, meint er nicht katholisch im Gegensatz zu protestantisch. Thomas von Aquin schrieb vor dem 16. Jahrhundert, also vor dem, was man die protestantische Reformation nennt. Sein Adjektiv „katholisch“ meint „universal“. Im Europa des 13. Jahrhunderts wären Sie (abgesehen von Juden und Moslems) entweder ein Christ oder ein Häretiker gewesen (Häretiker sind Leute, die grundlegende christliche Lehren bestreiten, indem sie behaupten, wahre Christen zu sein). Alle hier verwendeten Übersetzungen aus der SCG stammen aus: Thomas von Aquin: *Summe gegen die Heiden*, hrsg. und übersetzt von Karl Albert und Paulus Engelhardt, Darmstadt 1987ff. (Wissenschaftliche Buchgesellschaft).

[9] SCG I,2.

zentrale Glaubensüberzeugungen über Gott, die durch solche Mittel nicht als wahr erkannt werden können, nicht positiv irrational sind.

Die *Summa Theologiae*

Die ST, die Thomas während seiner Zeit in Santa Sabina zu schreiben begann, ist untergliedert in drei Teile, von denen der zweite wiederum in zwei Teile untergliedert ist. Somit haben wir in der ST Teil 1 (die *Prima Pars*, häufig abgekürzt durch 1a), den ersten Teil des Teils 2 (die *Prima Secundae*, abgekürzt durch 1a2ae), den zweiten Teil von Teil 2 (*Secunda Secundae*, oder kurz 2a2ae) und den Teil 3 (*Tertia Pars*, kurz 3a).[10]

Alle diese Teile der ST sind gegliedert in „Fragen", die weiter eingeteilt werden in „Artikel". Jede Frage widmet sich einem einzelnen, obgleich allgemeinen Thema, und die Artikel, die unter diese Frage fallen, diskutieren Probleme, die mit einem Blick auf das Thema der Frage untersucht werden, in dem sie erscheinen. Diese Zusammenstellung erlaubt es, jeweils die genaue Stelle anzugeben, wenn man aus der ST zitiert. Somit kann man z. B. feststellen, dass, wenn Thomas sagt: „Wir sollten Güte besonders mit Gott in Verbindung bringen", wir diesen Satz zitieren durch 1a6.1. Dabei bedeutet 1a Prima Pars; 6 verweist auf die Nummer der Frage, und 1 bezeichnet die Nummer des Artikels.

Thomas von Aquin beginnt die ST mit der Beobachtung, dass Menschen mehr nötig haben als allein philosophische Reflexion, damit sie zur Anerkennung der ganzen Wahrheit geführt werden, die Gott betrifft. Sie benötigen eine *sacra doctrina* (eine heilige Lehre), die Thomas als von Gott durch die Bibel geoffenbart annimmt. Er fährt dann fort, die folgenden Fragen zu bedenken: Was kann man von Gott aus dem Blickwinkel der Philosophie sagen? Wie sollten wir über die Lehre der Dreifaltigkeit denken (die Lehre, dass Gott Vater, Sohn und Heiliger Geist ist)? Was bedeutet es, dass Gott der Schöpfer aller Dinge ist? Wie können wir das Übel in der Welt verstehen, die von Gott erschaffen ist? Was sind die Engel? Was ist

---

[10] Im 13. Jahrhundert wurde die ST selten als ein Text hergestellt, den man vollständig lesen konnte. Er wurde häufig aufgegliedert in Abschnitte und zirkulierte in dieser Weise. Anfangs war ST 2a2ae am meisten gefragt. Zu weiterem zu diesem Thema vgl. J.N. Hillgarth, Who Reads Aquinas? Toronto 1972 (Pontificial Institute of Mediavial Studies).

der Mensch? Was ist die Welt, in der wir leben, und wie regiert Gott diese Welt?

Teil 2 der ST konzentriert sich auf die menschliche Glückseligkeit und die menschliche Tätigkeit. Thomas von Aquin fragt: „Worin besteht unsere Glückseligkeit?" Dann schreibt er über das menschliche Wollen und Entscheiden, über Gutheit und Boshaftigkeit in der menschlichen Handlung, über Emotionen, über Prinzipien, die das menschliche Verhalten bestimmen sollen, über die Tugenden, die wir durch uns selbst oder mit Hilfe Gottes erlangen sollen, über die Sünde und die göttliche Gnade. Teil 2 schließt ab mit einer Diskussion der Religion im Allgemeinen, mit dem Gebet und der Gottesverehrung, den sozialen Tugenden, Tapferkeit, Maßhaltung, Prophetie, dem Leben der Menschen, die sich entweder der Kontemplation oder der Tätigkeit widmen, und der Menschen, die Kleriker oder Mitglieder eines religiösen Ordens werden.

Der unvollendete Teil 3 der ST beginnt mit einer Reflexion Thomas von Aquins über die Lehre der Inkarnation (die Lehre, dass Jesus von Nazareth sowohl Mensch als auch Gott war und ist). Thomas versucht zu erklären, was diese Lehre beinhaltet und was sie nicht beinhaltet, und fährt fort mit einer Reihe von Fragen und Antworten, die das Leben Jesu betreffen, seinen Tod, seine Auferstehung und seine Himmelfahrt. Der dritte Teil entlässt uns mit einer Diskussion der Sakramente der Kirche. Er bricht ab nach der Behandlung der Taufe, der Firmung, der Eucharistie und der Buße.

Warum schrieb Thomas die ST, und für wen schrieb er sie? Im Vorwort sagt er, dass er als „Lehrer der katholischen Wahrheit" nicht nur damit beschäftigt sei, solche zu bilden, die bereits fortgeschritten sind, sondern auch Anfänger. Er fährt fort: „Der Zweck, den wir uns mit diesem Werk vorgenommen haben, besteht darin, die Dinge zu vermitteln, die zur christlichen Religion gehören, in einer Art, die brauchbar ist für die Ausbildung von Anfängern."

Bei der Abfassung der ST scheint Thomas jedoch bei seinen Lesern Grundkenntnisse in der Geschichte der Theologie und der Philosophie des Aristoteles vorauszusetzen. Die „Anfänger" (*incipientes*), auf die er sich bezieht, könnten Menschen gewesen sein, die sich bereits einer ernsthaften philosophischen und theologischen Ausbildung unterzogen haben. Es ist jedoch plausibel argumentiert worden, dass die hauptsächliche Intention Thomas von Aquins bei der Abfassung der ST gewesen sein könne, mit diesem Werk Anleitungen für alle Dominikaner zu liefern, die ihrer Aufgabe nachkommen. Denn der Zweck, den er in dem Vorwort anführt, stimmt weitgehend mit dem überein, was Humbertus von Rom (der Leiter oder „Meister" der Dominikaner von 1254 bis 1263) als ein Prinzip empfiehlt, dem die Dominikaner folgen sollen, wenn sie versuchen, ihre Brüder zu unterrichten.[11]

Thomas von Aquin als Denker

Thomas wird oft als Theologe vorgestellt, dessen Hauptziel es war, die Bibel und die Lehren der Konzilien zu verbreiten. Aber manchmal wird er auch nur als ein Philosoph verstanden, der bestrebt ist, ein Denksystem aufzubauen, das unter Berücksichtigung von Prämissen verteidigt wird, von denen angenommen werden kann, dass sie jeder vernünftige Mensch akzeptiert. Die Wahrheit liegt irgendwo in der Mitte.

Thomas von Aquin hat die Bibel sicherlich als verbindlichen Leitfaden für das genommen, was am wichtigsten ist, wenn es darum geht, was wir über Gott sagen können. Und er näherte sich den Konzilien der Kirche auf die gleiche Weise. Er glaubte, dass die Bibel und die Konzilien uns eine göttliche Offenbarung geben, und vieles, was er geschrieben hat, geht von dieser Annahme aus. Aus diesem Grund kann man Thomas durchaus als Theologen bezeichnen.

Der Aquinate behauptete jedoch auch, dass wir einige der von der Bibel und den Konzilien gelehrten Dinge verteidigen können, ohne an die göttliche Offenbarung zu appellieren. Aus diesem Grund kann man ihn daher als Philosophen betrachten, der über das nachdenkt, was er in der Bibel und in den Konzilien findet, ohne immer von dem auszugehen, was sie lehren. Tatsächlich ignorieren seine rein philosophischen Argumente

[11] Für eine Verteidigung der Auffassung, dass Thomas die ST mit einem Blick auf die Erziehung der Dominikaner schrieb, vgl. Leonard Boyle, The Setting of the *Summa Theologiae*, in Brian Davies (ed.), *Aquinas Summa Theologiae: Critical Essays*. 2006. CO and London (Rowman & Littlefield).

üblicherweise die biblische und konziliare Lehre, obwohl sie oft feststellen, dass diese Argumente mit dem zusammenhängen, was in der Bibel und den Lehren der Kirche zu finden ist. Thomas war also das, was wir heute als philosophischen Theologen bezeichnen können.

Er hat eine Philosophie anzubieten, die von modernen Philosophen als solche anerkannt wird, unabhängig von ihrer religiösen Überzeugung. Dies gilt insbesondere für die Behandlung von Fragen wie „Existiert Gott?“, „Was können wir über die Welt um uns herum und über die Dinge in der Welt sagen?“, „Was ist der Mensch, und wie funktioniert und reagiert er auf seine Umwelt?“ und „Wie können Menschen Glück erlangen?“.

Aber auch hier hat Thomas von Aquin Theologie anzubieten, wenn er die Bibel kommentiert und sie als göttliche Offenbarung betrachtet. Er bietet auch eine Theologie an, die mit Philosophie vermischt ist, indem er die Grenzen des menschlichen Verständnisses aufzeigt, wenn es darum geht, was Gott ist und wie Gott offenbart hat, was er ist, und gleichzeitig argumentiert, dass die Offenbarung unmöglich mit dem in Konflikt geraten kann, was durch die Vernunft bewiesen werden kann.

2

Einige grundlegende Worte und Begriffe

Thomas von Aquins Hauptinteresse ist Gott. Doch er sagt: „Wir können nicht wissen, was Gott ist“ (ST 1a.3., Prolog). Er meint, dass wir Gott nicht verstehen können. Wir können die Dinge um uns herum studieren, in der Hoffnung, herauszufinden, was sie genau sind. Aber, so Thomas, wir können nicht eine vergleichbare Studie über Gott anstellen, da Gott nicht etwas in der Welt ist und daher kein verständliches Etwas, das neben uns existiert.

Andererseits ist Thomas der Meinung, dass es einige Wahrheiten über Gott gibt, die wir begründen können. Er hält dies für eine Wahrheit, zu der wir auf der Grundlage eines richtigen Verständnisses der Welt, in der wir leben, gelangen können.

Aber wie sollen wir über die Welt denken, in der wir leben? Bei der Diskussion dieser Frage verwendet Thomas eine Reihe von technisch klingenden Wörtern, die sich in seinen Schriften wiederholen, obwohl sie in *De Principiis Naturae* und *De Ente et Essentia* besonders hervorgehoben werden.[12] Dazu gehören Wörter wie „Substanz“, „Wesen“, „Form“, „Natur“, „Akzidens“, „Materie“, „Akt“ und „Potenz“.[13] Da diese Begriffe im Denken des Aquinaten sehr stark vertreten sind, müssen Sie sie von Anfang an in den Griff bekommen, und der Zweck dieses Kapitels ist es, Ihnen dabei zu helfen. Es gibt noch einige andere Begriffe, die sich in Thomas' Schriften finden. Dazu gehören „Ursache“ und „Existenz“ (esse). Aber ich werde versuchen, diese in den folgenden Kapiteln bei Bedarf zu erklären.

---

[12] Zu diesen beiden Schriften gibt es deutsche Übersetzungen: *De Principiis Naturae / Die Prinzipien der Wirklichkeit*, lat.-dt. Ausgabe, übersetzt und kommentiert von Richard Heinzmann, Stuttgart 2010 (Kohlhammer); und *Über Seiendes und Wesenheit*, hrsg. und übersetzt von Horst Seidl, Hamburg 1988 (F. Meiner).

[13] Thomas von Aquin schrieb in Latein. Daher sind die hier genannten Worte deutsche Übersetzungen aus dem Lateinischen.

Substanz

Wir gehen davon aus, dass die Welt aus einzelnen Dingen besteht, die wir herausgreifen und über die wir sprechen können. Thomas von Aquin unterstützt diese Vermutung teilweise, indem er sagt, dass es Substanzen gibt und dass unsere Beschreibungen von ihnen feststellen, was sie sind. Er würde zum Beispiel sagen, dass der Satz: „Brian Davies ist gesund" logisch und grammatikalisch in Subjekt (das, *wovon* etwas gesagt wird) und Prädikat (das, *was* von einem Subjekt gesagt wird) unterteilt ist. Der Gegenstand des Satzes „Brian Davies ist gesund" bin ich selbst, da der Satz mich heraushebt. Und das von mir behauptete Prädikat lautet: „___ ist gesund". Nach Thomas ist also eine Substanz ein Einzelnes, von dem wir bestimmte Dinge sagen können. Oder wie er manchmal sagt, ist eine Substanz ein Seiendes (*ens*), über das man sagen kann, was es ist.

Nachdem wir das zur Kenntnis genommen haben, müssen wir uns jedoch auch darüber im Klaren sein, dass Thomas diesen Ansatz zum Begriff der Substanz in gewisser Weise weiter verfeinert.

Zum einen unterscheidet er bei einem Seienden (entia) zweierlei: *entia per se* (Seiendes in sich selbst) und *entia per accidens* (Seiendes in der Weise des Sprechens oder durch Zufall).[14] Sie werden diese Unterscheidung begreifen, wenn Sie für einen Moment an Katzen einerseits und an Uhren andererseits denken.

Eine Katze und eine Uhr sind individuelle Dinge. Aber eine Katze ist eine natürlich vorkommende Einheit, während eine Uhr ein Artefakt ist, etwas, das von einem oder mehreren Menschen hergestellt wird.

Hier gilt: Die Teile einer Katze existieren nicht, bevor die Katze zu existieren beginnt, während die Teile einer Uhr bereits existieren, bevor der Uhrmacher sie zusammensetzt.

Noch einmal: die Teile einer Katze sind deren integraler Bestandteil, denn wenn eine Katze zerlegt wird, können ihre Überreste nicht wieder zusammengebaut werden. Die abgetrennte Pfote einer Katze ist nicht mehr

---

[14] *Entia* ist der lateinische Plural von *ens*.

wirklich eine Pfote. Sie spielt nicht mehr die Rolle einer Pfote im Leben einer Katze. Katzen sind Lebewesen, deren Teile als solche zu einer Katze gehören. Im Gegensatz dazu ist eine Uhr eine Ansammlung von Dingen, die man zusammensetzen, zerlegen und dann wieder zusammensetzen kann, ohne dass ein Unterschied zu bemerken ist. Oder, wie Thomas sagen würde, eine Katze ist ein *ens per se*, während eine Uhr ein *ens per accidens* ist.

In ähnlicher Weise können Sie eine Katze und den Präsidenten eines Landes betrachten. Wir können jedes dieser Dinge leicht als Dinge bezeichnen, da „Ding" ein Allerweltswort ist. Aber eine Katze wird als Katze geboren, während niemand als Präsident geboren wird. Präsidenten sind Menschen, die zufällig zu einem bestimmten Status in der Gesellschaft aufgestiegen sind, während sie menschlich sind, noch bevor sie ihre Präsidentschaftskandidatur erklären. Sie sind Präsidenten aufgrund von Konventionen, nicht aufgrund der Natur. Sie sind das, was Thomas *entia per accidens* nennen würde.

Thomas' Unterscheidung zwischen *entia per se* und *entia per accidens* ist also eine Unterscheidung zwischen natürlich vorkommenden Ganzheiten und Dingen, die nicht so sind. Und er versteht Substanzen als natürlich vorkommende Ganzheiten: verschiedene Entitäten, die in der natürlichen Welt entstehen.

Ebenso hält er fest, dass einige Substanzen lebende Wesen sind, während andere es nicht sind. Meine Katze lebt, ein Stein nicht. Oder wie Thomas sagen würde, hat meine Katze, im Gegensatz zu einem Stein, eine Seele. Aber auf welchen Unterschied weist Thomas hier hin?

Das lateinische Wort für „Seele" ist *anima*, und es ist die Geschichte dieses Wortes, die dazu geführt hat, dass wir von Dingen sprechen, die als *lebendig* und nicht als *unbelebt* gelten. Wenn wir etwas als beseelt beschreiben, nehmen wir es als *lebendig* an. Wenn wir etwas als unbelebt bezeichnen, verstehen wir darunter einen *Mangel an Leben*. Aber was meint Thomas, wenn er erklärt, dass etwas mit einer Seele lebt?

Er meint, dass es ein echtes *Automobil* ist – dass es ein Bewegungsprinzip *in sich selbst* hat (vgl. ST 1a.18.1). Aus diesem Grund denkt Thomas, dass

Katzen und Menschen sowie wachsende Pflanzen lebendig sind (dass sie animiert sind / dass sie Seelen haben), während Steine dies nicht sind. Er nimmt an, dass Dinge wie Steine immer auf etwas anderes in der Welt warten, das sie bewegt. Dinge mit Seelen tun dies nicht.

Ein weiterer Punkt, der zu beachten ist, wenn es um Thomas von Aquins Theorie in Bezug auf die Substanz geht, ist, dass er nicht glaubt, dass alles, was wir von einem Substantiv herausgreifen können, eine Substanz ist. Wenn ich sage: „Maria ist hungrig", wird es für Thomas kein Problem sein, das Wort „Maria" als bezogen auf eine Substanz zu erkennen. Aber was ist, wenn ich sage: „Blindheit hat vielen Menschen Probleme bereitet"? „Blindheit" ist ein Substantiv, aber ist es auch der Name einer Substanz? Thomas denkt, dass dies nicht der Fall ist.

Um seine Haltung in dieser Frage zu verstehen, müssen Sie beachten, dass der Aquinate der Meinung ist, dass Substanzen Dinge sind, die tatsächlich existieren. Natürlich können wir beispielsweise sagen: „Das Haus, das ich suche, existiert nicht", oder: „Mein idealer Mann existiert nicht". In solchen Zusammenhängen beziehen wir uns auf Dinge, die es nicht gibt, während wir sagen, was sie sind. So können wir etwa, selbst wenn wir nicht an Zauberer glauben, behaupten, dass Zauberer Menschen mit magischen Kräften sind, und wir können unsere Aussage dadurch stützen, dass wir die Bedeutung des Wortes „Zauberer", wie sie in Wörterbüchern angegeben ist, erwähnen. Doch Thomas versteht das, was nicht existiert, nicht als eine wirkliche Substanz. Für ihn sind Substanzen reale Dinge in der Welt der Natur: diese Katze, dieser Mensch, diese Eiche und so weiter. Wenn es um ein solches „Ding" wie Blindheit geht, bestreitet Thomas daher, dass es sich um eine Substanz handelt. Er leugnet nicht, dass Blindheit real ist, da viele Menschen blind sind. Aber er glaubt nicht, dass wir die Zahl der Blindheiten in der Welt addieren können, wie wir die Zahl der Menschen oder Katzen addieren können. Er meint, dass Blindheit nur in dem Sinne existiert, dass es Menschen gibt, denen die Fähigkeit, zu sehen, fehlt. Er betrachtet Blindheit als eine Abwesenheit von Existenz: die Abwesenheit des Sehens.

Wesen, Form, Natur und Akzidens

Nach Thomas von Aquin hat jede Substanz eine Wesenheit (*essentia*) oder eine Natur (*natura*). Seiner Ansicht nach muss eine Substanz, damit sie überhaupt existieren kann, über Attribute verfügen, die ausreichen, damit sie das Ding einer natürlichen Art sein kann. Thomas ist der Meinung, dass wir die Frage „Was ist das?" am besten unter Bezugnahme auf die Wesenheit einer Substanz beantworten können.

Angenommen, wir fragen: „Was ist eine Katze?" Thomas geht davon aus, dass es eine Antwort auf diese Frage geben muss, eine Antwort, die herausfindet, was an Katzen einzigartig ist, eine Antwort, die Katzen effektiv von Dingen anderer Art unterscheidet. Thomas versteht diese Antwort in der Weise, dass sie feststellt, was die Wesenheit einer Katze ist, was eine Katze im Wesentlichen ist. Manchmal sagt er, dass das, was etwas ist, im Wesentlichen darauf hinausläuft, seine substantielle Form zu sein, womit er das Wesen dieses Etwas als Substanz meint.

Hier muss ich jedoch noch auf zwei weitere Punkte hinweisen. Der erste ist, dass Thomas nicht glaubt, dass wir immer wissen, was eine bestimmte Substanz ist. Der zweite Punkt ist, dass er zwischen wesentlichen und akzidentellen Formen unterscheidet.

Nach Thomas muss die Beschreibung der Wesenheit einer Substanz in einer detaillierten und langwierigen Untersuchung auf der Grundlage einer sensorischen Untersuchung begründet sein. Er denkt, dass wir die Wesenheit von etwas nur dann erfasst haben, wenn wir in der Lage sind, sie als etwas zu definieren, das wir irgendwie erfassen können, wenn wir es als eine Art innerhalb einer Gattung bestimmen (d. h. wenn wir es genau innerhalb einer allgemeinen Klasse lokalisieren). Thomas akzeptiert aber auch, dass wir nicht immer in der Lage sind, zu einer solchen Definition zu gelangen. Er erkennt, dass wir oft irgendwie unwissend sind, wenn es darum geht zu bestimmen, was eine bestimmte Substanz eigentlich ist.

Andererseits ist der Aquinate der Meinung, dass wir bis zu einem gewissen Grad sagen können, was etwas ist, ohne auf seine Wesenheit oder substantielle Form zu verweisen. Würden wir zu existieren aufhören, wenn wir ein wenig abnehmen, ein paar Pfund zugenommen haben oder mit einer Erkältung daniederliegen? Vermutlich nicht. Thomas unterscheidet zwischen dem, was er die substantielle Form nennt (*forma substantialis*), und dem, was er die zufällige Form (*forma accidentalis*) nennt.

Mit „zufälliger Form" bezeichnet Thomas ein Attribut, das eine Substanz besitzt, eine Eigenschaft, die sie erworben hat und die sie verlieren kann, ohne dass sie aufhört, als das zu existieren, was sie von Natur aus ist oder was ihre Wesenheit ist. Wenn eine Kuh geschlachtet wird und Teile des Schlachtprodukts als Rindfleisch verkauft werden, existiert die Kuh nicht mehr. Rindfleisch ist keine Art Kuh. Rindfleisch ist überhaupt keine Kuh. Es ist das, was von einer Kuh übrigbleibt, ohne selbst eine Kuh zu sein. Aber eine Kuh ist eine Kuh, ob sie an Gewicht zunimmt oder verliert. Oder wie Thomas sagen würde, sind solche Veränderungen (a) nur zufällig, nicht substantiell, und werden (b) zu etwas, das verschiedene zufällige Formen annimmt. Nach Thomas sind es Substanzen, die in erster Linie als Einzeldinge existieren. Doch er denkt, dass sich Substanzen verändern können, ohne zugrunde zu gehen. Daher geht er davon aus, dass sie die zufälligen Formen, die in den Substanzen existieren, erwerben oder verlieren. Wir finden bei Thomas daher die Unterscheidung zwischen substantieller Veränderung (wie z. B., wenn eine Substanz aufhört zu sein) und akzidenteller Veränderung (wie z. B., wenn eine Substanz nur in irgendeiner Hinsicht verändert wird, während sie selbst die Veränderung überlebt).

Form und Materie

Wie wir gesehen haben, denkt Thomas von Aquin, dass wir (a) die Form (ob substantielle oder akzidentelle Form) in der Hand haben, wenn wir versuchen zu erklären, was eine bestimmte Substanz ist, und dass wir (b) auf der Grundlage der sinnlichen Erfahrung zu einer Kenntnis von Substanzen gelangen. Er glaubt zum Beispiel, dass unser Wissen darüber, was Katzen sind, und unser Wissen darüber, wie sich Katzen akzidentell verändern können, sich daraus ergibt, dass wir sie als raumzeitliche Objekte untersuchen. In diesem Sinne ist Thomas das, was Philosophen einen Empiristen nennen würden – jemand, der die Sinneserfahrung als eine Hauptquelle des Wissens nimmt, wenn es um die Erkenntnis dessen geht, was existiert.

Wenn wir jedoch Empiristen sind, was erlaubt es uns dann, zwischen den verschiedenen Dingen in der Welt zu unterscheiden? Nehmen wir an, wir erklären, dass sich zwei Hunde im Raum befinden – einen nennen wir Rover und einen Fido. Auf welcher Grundlage können wir annehmen, dass Rover und Fido *zwei* Hunde und nicht nur *ein* Hund sind?

Sie könnten sagen, dass die Antwort auf diese Frage offensichtlich ist und sogar in der von Thomas verwendeten Terminologie dargestellt werden kann. Denn warum sollte man nicht sagen, dass Rover und Fido in Bezug auf ihre substantielle Form zu unterscheiden sind? Warum sollte man nicht sagen, dass Rover *ein* Hund und Fido ein *anderer* Hund ist?

Das Problem dabei ist jedoch, dass die substantielle Form eines Hundes, auf die jetzt hingewiesen wird, etwas ist, das Rover und Fido *gemeinsam* haben. Denn Rover ist ein Hund und Fido ist ein Hund. Was sie also als Hunde gemeinsam haben, wird uns wohl kaum erlauben, zwischen ihnen als *diesem* Hund und *jenem* Hund zu unterscheiden.

Doch könnte es nicht sein, dass die *akzidentellen Formen* von Rover und Fido ausreichen, um zwischen ihnen unterscheiden zu können und so zu erklären, dass wir hier *zwei* Hunde haben und nicht *einen*? Nehmen wir an, dass Rover zehn Pfund und Fido sechs Pfund wiegt. Oder nehmen wir an, dass Rover ein schwarzes Fell hat, während Fido ein weißes Fell hat. Würden diese Tatsachen es uns nicht erlauben, zwischen Rover und Fido zu unterscheiden, um sagen zu können, dass es sich jetzt um zwei Hunde handelt?

Das Problem dabei ist jedoch, dass die Unterscheidung zwischen den Dingen auf der Grundlage dessen, was Thomas als akzidentelle Formen annimmt, bereits voraussetzt, dass wir das *eine* und das *andere* haben. Zwei Hunde können keine verschiedenen akzidentellen Formen entwickelt haben, es sei denn, sie waren *von Anfang an* bereits unterschiedlich. Also scheint es, dass man nicht auf die akzidentellen Formen hinweisen kann, wenn man zu erklären versucht, warum wir es mit zwei Dingen zu tun haben und nicht nur mit einem Ding.

Thomas von Aquin erkennt die beiden Probleme, die ich gerade erwähnt habe. Er stimmt zu, dass wir nur durch die Feststellung der substantiellen oder akzidentellen Formen, die sie erfassen, nicht zwischen zwei Dingen der gleichen Art in der Welt unterscheiden können. Er würde akzeptieren, dass wir zwischen einer Katze und einem Känguru (Dinge, die verschiedenen Arten angehören) anhand ihrer substantiellen Form unterscheiden können. Aber er glaubt nicht, dass wir das Gleiche tun können, wenn es um zwei Hunde geht. Er glaubt auch nicht, dass die akzidentellen Formen, die von zwei Hunden besessen werden, dazu dienen können, sie zu unterscheiden, so dass wir sagen könnten, dass es sich um zwei Hunde und nicht um einen handelt. Und an diesem Punkt kommt das Wort „Materie" (materia) in Thomas' Denken zum Tragen.

Thomas unterscheidet zwischen Form und Materie. Und das tut er, indem er das folgende Argumente vorbringt:

1. Wenn Fido ein Hund ist, dann hat Fido eine substantielle Form oder eine Wesenheit.
2. Aber Fido ist ein individueller Hund.
3. Fido muss also mehr sein als seine substantielle Form.

Aber was kann dieses „Mehr" sein? Für Thomas ist es die *Materie*, die er als das nichtformale Element in den Dingen der Welt betrachtet, das dafür verantwortlich ist, dass es verschiedene Individuen mit der gleichen substantiellen Form gibt. Nach Thomas ist das, was zwei Dinge der gleichen Art ausmacht, nämlich dass sie zwei und nicht eins sind, nicht *intelligibel*. Es kann nicht in Worten ausgedrückt werden, in Begriffen, die die Dinge als etwas beschreiben, was eine Art Form hat. Das liegt daran, dass sich die Dinge materiell unterscheiden. Und wie registrieren wir diese Tatsache? Nach Thomas von Aquin tun wir dies, indem wir sie auf der *sensorischen* Ebene unterscheiden.

Aus diesem Grund brauchen wir, um ein Individuum einer bestimmten Art zu erkennen oder zu verstehen, einen Körper und die Fähigkeit zur sinnlichen Wahrnehmung, die mit der Verkörperung verbunden ist. So würde Thomas beispielsweise sagen, dass, wenn wir zu dem Schluss kommen, dass sich zwei Katzen im Raum befinden, wir jede Katze mit unseren Sinnen verfolgen müssen, indem wir die Wörter „dies" und „das" verwenden. „Dies“ und „das“ sind natürlich keine Begriffe, die etwas beschreiben. Sie bedeuten nicht etwas, das Thomas als Form verstehen würde. Für ihn sind es Gesten, mittels derer wir uns mit Dingen auf der körperlichen Ebene beschäftigen, ohne an die Form dieser Dinge zu appellieren. Für ihn unterscheiden wir zwischen den Dingen in der Welt nicht so sehr, indem wir *über sie reden*, sondern indem wir *mit ihnen leben*. So sagt Herbert McCabe:

> Nach Thomas brauchen wir mehr als einen Geist, um etwas zu verstehen zu versuchen, um ein Individuum zu erkennen. Wir brauchen einen Körper und sein sinnliches Bewusstsein. Wenn wir keine Körper hätten, wüssten wir vielleicht sehr viel über eine recht schöne theoretische Physik, aber dies wäre nicht von der reinen Mathematik zu unterscheiden. Wir wären nicht in der Lage, das, worum es geht, in den Griff zu bekommen. Um es anders auszudrücken: Der einzige Weg, um ganz sicher zu sein, dass eine Katze die gleiche Katze ist, müssen wir die Augen auf sie richten; es geht nicht um Ihren Verstand, sondern um Ihre körperlichen Sinne. Eine Katze zu sein, eine individuelle Katze zu sein, bedeutet also nicht nur, die Katzen-Natur zu erfassen (plus so vieler weiterer akzidenteller Merkmale, wie Sie möchten); es bedeutet auch, diese Katze und nicht jene zu sein, wobei „diese“ und „jene“ [...] die Musik ist, die den Körpertanz begleitet, den wir „Zeigen“ nennen ... Jedes Individuum (und die Welt, mit der wir uns mit unseren Sinnen beschäftigen, ist nichts anderes als ein individuelles Ding) besteht also aus einem Faktor der Intelligibilität, durch den wir es durch die Bedeutung von Wörtern in unseren Geist aufnehmen können, und aus einem Faktor der Unverständlichkeit [...], den wir nur körperlich erfassen können, durch die Sinne. Von dieser Komplexität der individuellen Dinge spricht Thomas, wenn er von ihrer Form (dem intelligiblen Faktor) und ihrer Materie, ihrer Individuation spricht.[15]

Akt und Potenz

Um Thomas im Hinblick auf die Begriffe Akt und Potenz zu verstehen, könnten wir mit meiner Katze beginnen. Während ich jetzt tippe, schläft sie auf meinem Bett. Aber sie wird mein Bett verlassen, sobald ich mich schlafen lege. Zurzeit liegt meine Katze tatsächlich auf meinem Bett. Dennoch ist sie in der Lage, an vielen anderen Orten zu sein.

Thomas würde diese offensichtliche Wahrheit ausdrücken, indem er sagte, dass meine Katze *aktual* auf meinem Bett liegt und *potentiell* auch anderswo sein könnte. Er ist der Meinung, dass unterschieden werden

[15] Herbert McCabe: *On Aquinas*. London, New York 2008 (Continuum), pp. 39f.

muss zwischen dem, was etwas *ist*, und dem, was es wirklich *sein könnte, aber nicht ist*. Ich bin *aktual* in New York, aber ich *könnte* in London sein. Ich bin aktual dunkelhaarig, aber ich *könnte* kahl werden. Und mit solchen Gedanken kommen wir zu dem, was Thomas sagen will, wenn er über Aktualität und Potentialität spricht.

Für Thomas von Aquin kann etwas, das aktual so und so ist, nicht so und so sein. Er unterscheidet daher zwischen Aktualität und Potentialität, indem er sich auf den Begriff der Veränderung konzentriert. Er ist der Auffassung, dass etwas aktual so und so sein kann, während es in irgendeiner Weise anders sein kann. Dabei meint Thomas nicht, dass zum Beispiel Maria nicht zu einer bestimmten Zeit von einer Person geliebt wird, obwohl sie von dieser Person zu einer anderen Zeit geliebt wird. Wenn Maria einen hingebungsvollen Bewunderer gewinnt, muss dies für sie keinen Unterschied machen. Tatsächlich ist sie vielleicht nicht einmal mit der Person vertraut, die sich in sie verliebt hat. Wenn es um etwas *Aktuales* mit einer Potenz zur Veränderung geht, denkt Thomas an Dinge, die *in sich selbst* einen echten Wandel durchlaufen können. Er denkt, dass ich mich wirklich verändere, wenn ich zum Beispiel zunehme, mich bewege, meine Haare verliere und so weiter.

Einige Philosophen haben bestritten, dass es Veränderungen gibt. Ein berühmtes Beispiel ist Parmenides (ca. 515–450 v. Chr.). Aber Thomas von Aquin, wie auch Aristoteles, denken, dass es offensichtlich ist, dass sich die Dinge ändern, dass sie zunächst so und so und später dann so und so sind – ein Punkt, den er mit den Worten hervorhebt, dass die Dinge in der Welt immer sowohl Aktualität als auch Potentialität aufweisen. Wie wir aber sehen werden, will Thomas die Unterscheidung aktual/potentiell in einer noch radikaleren Weise anwenden, wenn er davon spricht, dass sich die Dinge in der Welt in irgendeiner Weise verändern. Denn er denkt, dass das Universum, obwohl es tatsächlich existiert, potentiell nicht existent ist. Und es ist dieser Gedanke, der viel von dem bestimmt, was er über Gott sagt.

3

Warum sollten wir an Gott glauben?

Es wird oft gesagt, dass diejenigen, die glauben, dass Gott existiert, kein Recht dazu hätten, wenn sie nicht die Existenz Gottes beweisen könnten. Thomas von Aquin akzeptiert diese Ansicht jedoch nicht. Er hält es nicht für irrational, zu glauben, was man nicht beweisen kann, da er sich bewusst ist, dass das Lernen oft stark davon abhängt, Dinge zu akzeptieren, die man vom Hören und Sagen kennt. Er erkennt auch an, dass wir, wie Aristoteles betont, überhaupt nicht argumentieren könnten, wenn wir nicht, zur Vermeidung eines unendlichen Regresses, einige Aussagen ohne Demonstration anerkennen.[16]

Andererseits meint Thomas, dass es gute Gründe gibt, zu glauben, dass Gott existiert. Genauer gesagt hält er fest, dass wir, wenn wir über bestimmte kausale Fragen nachdenken, daraus schließen können, dass Gott existiert.

Thomas von Aquins Ansatz bei der Argumentation für die Existenz Gottes

Einige Philosophen haben die Existenz Gottes ohne Bezug auf die Kausalität begründet. Es wurde zum Beispiel behauptet, dass wir die Existenz Gottes allein dadurch beweisen können, dass wir begreifen, was das Wort „Gott" bedeutet.

Descartes hat so gedacht. Er verstand Gott als „ein höchst vollkommenes Wesen" und argumentierte, dass ein höchst vollkommenes Wesen nicht umhinkönne, zu existieren. Er schreibt:

[16] Zur Auffassung des Aristoteles hinsichtlich der Notwendigkeit, ein Argument mit nicht in Frage gestellten Prämissen zu beginnen, siehe *Posterior Analytics*, I, 3.

> Wenngleich ich nämlich nicht notwendig jemals auf irgendeinen Gedanken von Gott verfallen muss, so ist es dennoch, sooft es mir beliebt, an ein erstes und höchstes Wesen zu denken, und seine Idee gleichsam aus der Schatzkammer meines Geistes hervorzuholen, notwendig, ihm alle Vollkommenheiten zuzuschreiben (...). Und diese Notwendigkeit reicht vollständig aus, um später, wenn ich bemerke, dass das Dasein eine Vollkommenheit ist, richtig zu schließen, dass ein erstes und höchstes Wesen existiert.[17]

Hier bewegt sich Descartes von der Idee Gottes zur Realität Gottes. Thomas von Aquin widersetzt sich jedoch einem solchen Schritt.[18]

Er stimmt zu, dass wir verstehen können, was die Dinge in der Welt sind, um zum Beispiel zu argumentieren: „Da James ein Säugetier ist und da alle Säugetiere Tiere sind, ist James ein Tier." Aber Thomas glaubt nicht, dass wir ein Wissen über Gott haben, das es uns erlaubt, sofort zu erkennen, dass Gott nicht anders kann, als zu existieren. Er akzeptiert, dass wir, wenn wir Gottes Wesen verstehen würden, sofort erkennen würden, dass Gott existieren muss. Aber er bestreitet, dass wir ein solches Verständnis von Gottes Wesen haben. Er schreibt:

> Weil wir aber nicht wissen, was Gott ist, so ist der Satz vom Dasein Gottes *für uns* nicht selbstverständlich; er muss vielmehr bewiesen werden aus den Wirkungen Gottes, die zwar der Ordnung der Natur nach später als die Ursache, also weniger *selbst*verständlich, unserem Erkennen aber früher gegeben als die Ursache, also leichter zugänglich sind.[19]

Doch wie konnte Thomas hoffen, aus den Wirkungen Gottes zu schließen, dass Gott existiert? Wenn wir nicht wissen, was Gott ist, wie können wir dann zu seiner Existenz gelangen? Ausgehend von dieser Frage unterscheidet Thomas zwischen *Nominaldefinitionen* und *Realdefinitionen.*

---

[17] René Descartes: *Meditationen über die Grundlagen der Philosophie mit sämtlichen Einwänden und Erwiderungen.* Übersetzt und herausgegeben von Artur Buchenau, Hamburg, unveränderter Nachdruck 1972 (F. Meiner). S. 56f.

[18] Descartes schrieb natürlich nach der Zeit von Thomas. Aber die Behauptung, dass Gott existiert, weil er das ist, was „Gott" bedeutet, war im dreizehnten Jahrhundert bekannt, vor allem wegen ihrer Darstellung durch den hl. Anselm von Canterbury (1033–1109) in seinem *Proslogion.* Und Thomas lehnt sie ab, weil er nicht glaubt, dass wir verstehen können, was Gott ist. Beachten Sie jedoch, dass sowohl Descartes als auch Anselm Argumente für die Wahrheit des Satzes „Gott existiert" anbieten, die einigen Argumenten ähneln, die Thomas selbst verteidigt.

[19] ST 1a.2.1.

Nominaldefinitionen und Realdefinitionen

Thomas von Aquin versteht eine reale Definition von etwas als eine erschöpfende Darstellung dessen, was eine existierende Sache ist. Und er betrachtet eine nominale Definition als eine Bestimmung dessen, was ein Wort bedeutet, z. B. für den Zweck eines Wörterbuches.

Ein Katzenexperte kann uns einen detaillierten Bericht darüber geben, was Katzen sind, einen Bericht, von dem Thomas hoffen könnte, dass er einer echten Definition echter Katzen nahekommt. Aber wir können auch leicht Berichte über nichtexistierende Dinge liefern – wie wenn wir sagen, dass ein Einhorn ein Tier ist, mit einem großen, spitzen, spiralförmigen Horn, das aus seiner Stirn herausragt. Thomas würde solche Ansätze als nominale Definitionen betrachten. Er geht freilich nicht davon aus, dass nominale Definitionen nur definieren, was nicht existiert. Er hätte kein Problem damit gehabt, „etwas mit Schnurrbart, das schnurrt" als nominale Definition von „Katze" zu akzeptieren. Aber er hätte diese Definition als weit hinter dem zurückbleibend angesehen, was Zoologen uns über Katzen sagen können, während er gleichzeitig auf eine echte Definition dessen abzielte, was eine Katze ist.

Thomas ist nun davon überzeugt, dass es uns an einer Realdefinition Gottes mangelt, da er Gott nicht als etwas in der Welt betrachtet, das untersucht und entsprechend definiert werden muss. Aber er erkennt an, dass diejenigen, die glauben, dass Gott existiert, genug über Gott gesagt haben, um es auch Atheisten zu ermöglichen, sich bei der Beantwortung der Frage, ob Gott existiert oder nicht, auf eine Reihe von nominalen Definitionen von „Gott" zu stützen. Und die nominalen Definitionen von Gott, die der Aquinate verwendet, wenn er argumentiert, dass Gott existiert, sind die folgenden:

1. etwas, das die Existenz des Universums verursacht, solange es existiert;
2. etwas, das Veränderung bewirkt, ohne dass es selbst eine Veränderung erfährt oder durch etwas verändert wird;
3. etwas nicht Generierbares oder nicht Verderbliches, das von nichts in seiner Existenz abhängt.

4. etwas, das in allen anderen Dingen deren Sein, deren Güte und deren Vollkommenheit verursacht;
5. etwas mit Intellekt, das die natürlichen Dinge auf ein Ziel hinführt.[20]

Nominaldefinitionen und die Frage „Existiert Gott?"

Man könnte sagen, dass diejenigen, die an Gott glauben, mehr mit „Gott" meinen, als diese kurzen Definitionen enthalten. Denn denken nicht diejenigen, die glauben, dass Gott existiert, normalerweise von Gott als einem wissenden und fürsorglichen, lebendigen, mächtigen, ewigen und guten Wesen? Und wenden Christen nicht eine Vorstellung von Gott an, die über diese traditionelle Denkweise über Gott hinausgeht, die sich auch in den Lehren der Juden und Muslime findet? Verstehen sie zum Beispiel nicht Gott als Vater, Sohn und Heiligen Geist (die Lehre der Dreifaltigkeit)? Und glauben sie nicht auch, dass Gott in Jesus von Nazareth inkarniert ist (die Lehre von der Inkarnation)?

Thomas von Aquin hat jedoch Antworten auf diese Fragen insofern, als sie als Versuch verstanden werden, seine Argumentation für die Existenz Gottes zu widerlegen. Zunächst einmal stimmt er zu, dass Gott mehr ist, als die obigen nominalen Definitionen enthalten. Er glaubt, dass Gott weise, fürsorglich und so weiter ist. Aber er denkt auch, dass die jetzt in Frage kommenden nominalen Definitionen mindestens drei Vorzüge haben, wenn sie in Argumenten für die Existenz Gottes verwendet werden.

Der erste Vorzug ist, dass sie mit dem übereinstimmen, was jeder zu glauben scheint, der annimmt, dass Gott existiert. Hier geht Thomas davon aus, dass niemand, der an Gott glaubt, leugnen würde, dass zum Beispiel Gott und nur Gott die Existenz des Universums verursacht, solange es

[20] Ich zitiere diese Nominaldefinitionen mit Bezug auf das, was Thomas an vielen Stellen in seinen Schriften sagt. Ich sollte jedoch darauf hinweisen, dass verschiedene dieser Nominaldefinitionen in ST 1a.2.3 gefunden werden können, wo Thomas fünf Argumente für die Wahrheit, dass Gott existiert, vorstellt.

existiert, oder dass Gott und nur Gott von nichts in seiner Existenz abhängt.[21]

Der zweite Vorteil ist, dass, wenn Gott existiert und das ist, was die obigen Nominaldefinitionen unter „Gott" verstehen, dies Raum für weitere Argumente gibt, dass Gott mehr ist, als diese Definitionen aussagen. Denn könnten wir nicht eine solche Prämisse wie „Gott erklärt die Existenz des Universums, solange es existiert" in einem Argument anwenden, das zu dem Schluss kommt, dass Gott lebt, mächtig ist, weise und vieles mehr? Wie wir sehen werden, denkt Thomas, dass wir genau das tun können.

Der dritte Vorteil ist, dass die jetzt in Frage kommenden nominalen Definitionen es uns ermöglichen zu argumentieren, dass Gott existiert, ohne ein Verständnis von Gottes Natur zu beanspruchen, das uns fehlt. Der Gedanke hier ist: „Wenn wir nicht verstehen, was Gott *wirklich* ist, können wir vielleicht argumentieren, dass Gott auf der Grundlage einer nominalen Definition dessen existiert, was Gott sein sollte."

Was nun die Beschwerde bezüglich der nominalen Definitionen betrifft, die Thomas für die Argumentation verwendet, dass Gott existiert – dass sie nämlich dem, was Christen typischerweise über Gott sagen, keine Beachtung schenken –, so würde Thomas damit einverstanden sein, obwohl er es nicht als Gegenargument gegen seine Position verstehen würde, dass man über Gott im Gegensatz zur göttlichen Offenbarung etwas allein durch die Vernunft wissen kann.

Thomas von Aquin ist ein Paradigma der christlichen Orthodoxie. Er hält die Lehren der Dreifaltigkeit und der Inkarnation in ihrer klassischen Form aufrecht, wie sie vom Konzil von Nicäa (325) und vom Konzil von Chalcedon (451) definiert wurden. Andererseits glaubt er nicht, dass diese Lehren durch philosophische Argumente belegt werden können. Thomas zufolge kann man an diese Lehren nur glauben.

So stellt Thomas beispielsweise bei der Kommentierung der Lehre von der Dreifaltigkeit, nach der in Gott drei göttliche Personen sind, fest, dass wir

[21] Es gibt Leute, die verkünden, dass sie an Gott glauben, ohne diese Auffassung zu unterschreiben. Aber die meisten Menschen, die sich als gläubig bezeichnen, sehen diese Auffassung als selbstverständlich an.

zwar durch natürliche menschliche Vernunft wissen können, dass Gott existiert, weil Gott das Universum in die Existenz bringt, dass wir aber daraus nicht erkennen können, dass in Gott drei Personen sind.

Wenn es darum geht, „aus natürlicher Vernunft" dafür zu argumentieren, dass Gott existiert, wendet sich Thomas daher seinen nominalen Definitionen von Gott zu, von denen er „etwas, das die Existenz des Universums verursacht, solange es existiert" als die grundlegendste bezeichnet.

Warum gibt es überhaupt etwas und nicht vielmehr nichts?

Das Universum existiert. Aber ist das eine nackte Tatsache, die keiner Erklärung bedarf? Könnte es sein, dass das Universum einfach da ist und dass es nichts weiter darüber zu sagen gibt, wie es überhaupt existiert? Könnte es sein, dass nichts die Existenz des Universums von Augenblick zu Augenblick erklärt?

Auf diese Fragen antwortet Aquinas mit Nein. „Es gehört zur menschlichen Natur", sagt er, „nach den Ursachen der Dinge zu suchen."[22] Deshalb sollten wir, so meint er, versuchen, die Ursachen der Dinge in der Welt und der Welt (des Universums) als eines Ganzen zu erklären. Denn, so sein Argument:

1. etwas existiert entweder von Natur aus, oder es existiert nicht;
2. wenn etwas nicht von Natur aus existiert, dann wird es durch etwas anderes verursacht;
3. nichts im Universum existiert von Natur aus, noch existiert das Universum als Ganzes von Natur aus;
4. somit muss das Universum durch etwas, was kein Gegenstand im Universum ist, zur Existenz gebracht werden.

Hier geht Thomas natürlich davon aus, dass es in der Welt unserer Erfahrung nichts gibt, was von Natur aus existiert, dass es nichts in der Welt

---

[22] ST 1a.12.1.

gibt, das *existieren muss*, so wie es von Natur aus ist. Hat er jedoch recht, so zu denken?

Ein Grund für die Annahme, dass er recht hat, liegt in der Tatsache, dass wir davon ausgehen können, dass das Universum und seine Bestandteile vielleicht auch nicht existieren könnten. Wir widersprechen uns kaum, wenn wir sagen: „Es hätte überhaupt nichts geben können" oder „Es hätte kein Universum geben können". Dreiecke können nur drei Seiten haben und Wale können nichts anderes als Säugetiere sein. Aber ist „___ existiert" in die reale Definition von irgendetwas im Universum eingebaut? Es ist schwer zu verstehen, warum wir annehmen sollten, dass dies so ist.

Wenn wir versuchen zu sagen, was die Dinge im Universum sind, nehmen wir niemals das Prädikat „existiert" in unsere Definitionen auf. Und wir können keine Realdefinitionen von Dingen geben, die es nicht gibt. Aber das bedeutet nicht, dass etwas in der Welt von Natur aus existieren muss. Was tatsächlich der Fall zu sein scheint, ist, dass wir die Natur von irgendetwas in der Welt durchaus verstehen können, ohne auch zu verstehen, dass es von Natur aus existieren muss.

Nehmen wir an, der Weltexperte für Kühe hält uns einen Vortrag darüber, was Kühe sind. Diese Person wäre verwirrt, wenn jemand dann fragen würde: „Von *welcher* Kuh reden Sie?" Der Experte wird sagen: „Ich spreche nicht von einer *bestimmten* Kuh. Ich spreche von der Natur aller Kühe." Daher scheint es, dass ich verstehen kann, was eine Kuh ist, ohne zu wissen, dass es eine bestimmte Kuh gibt. Und das scheint nicht nur für Kühe so zu sein, sondern für alles im Universum. Wenn sich die Existenz von allem im Universum jedoch von seiner Natur unterscheidet, dann ergibt sich die Existenz von allem im Universum aus etwas anderem als aus sich selbst. Und Thomas glaubt, dass dies bedeutet, dass die Existenz von allem im Universum durch etwas verursacht werden muss, dessen Existenz nicht abgeleitet ist, von etwas somit, dessen eigentliche Natur darin besteht, zu existieren, und das daher alles andere existieren lassen kann. Oder, in Thomas' eigenen Worten:

> Die Attribute eines Dings werden entweder durch seine innere Natur verursacht (wie das Gefühl eines Menschen für das Lächerliche) oder durch eine äußere Quelle (wie Licht aus der Atmosphäre durch die Sonne verursacht wird). Aber die bloße Existenz einer Sache kann nicht durch ihre eigene Form oder Washeit

> verursacht werden, denn dann würde sich etwas selbst verursachen und sich selbst in Existenz bringen, was unmöglich ist. Alles, worin sich Existenz und Natur unterscheiden, muss also seine Existenz von einem anderen bekommen. Und weil alles, was von einem anderen kommt, schließlich zu etwas führen muss, das sich selbst besitzt, muss es etwas geben, das letztendlich die Existenz von allem verursachen kann, weil es seine eigene Existenz ist; andernfalls würden die Ursachen für immer weitergehen, wobei alles, was nicht nur die Existenz ist, eine Ursache seiner Existenz erfordert.[23]

Hier sagt Thomas, dass Dinge, die von Natur aus nicht existieren, von dem abgeleitet werden müssen, was von Natur aus existiert. Er sagt, dass wir uns fragen sollten, was die Existenz dessen verursacht, was nicht existieren *muss*, wenn es das ist, was es ist. Und, so behauptet er, das sollte uns die Frage stellen lassen, warum es überhaupt eine Welt der Dinge gibt, warum es überhaupt ein Universum gibt. Beachten Sie jedoch, dass Thomas bei der Verfolgung dieses Gedankens nicht argumentiert, dass irgendetwas das Universum irgendwann in der Vergangenheit in Gang gesetzt haben müsse. Er sagt, dass die schiere Existenz von etwas, das von Natur aus nicht existiert, eine Ursache für seine Existenz *von Moment zu Moment* erfordert. Er sagt, dass es eine Antwort auf die Frage gibt: „Warum gibt es überhaupt etwas und nicht vielmehr nichts?", und dass die Antwort in dem liegt, was in der Lage ist, *einfach zu existieren.*

Für Thomas erklärt Gott die Existenz von Dingen, die nicht existieren müssen, unabhängig davon, ob sie einen Anfang ihrer Existenz haben. Auf der Grundlage von Genesis 1 glaubt Thomas von Aquin, dass das Universum zu existieren begonnen hat und dass Gott diese Tatsache herbeigeführt hat. Aber er hält es nicht für beweisbar, dass das Universum einen Anfang hat. Seiner Ansicht nach können wir weder beweisen, dass das Universum einen Anfang hat, noch, dass es keinen hat.[24] Dennoch glaubt er, dass wir argumentieren können, dass die Existenz von Dingen, wenn sie nicht durch ihre Natur existieren, *zu jeder Zeit* abgeleitet werden muss. Und er hält es für angebracht, das Wort „Gott" zu verwenden, wenn er sich auf das bezieht, was Dinge, die von Natur aus nicht existieren, einfach existieren lässt. Vor diesem Hintergrund verwendet er Argumente für

---

[23] Thomas von Aquin: *Über das Seiende und das Wesen.*

[24] Thomas verteidigt seine Theorie in *De Aeternitate Mundi* (*Über die Ewigkeit der Welt*). Vgl. auch ST 1a.46 und SCG II.31–38.

Gottes Existenz, die sich auf die erste, dritte und vierte der oben genannten nominalen Definitionen stützen.

Veränderung und Richtung

Aber was ist mit der zweiten und fünften dieser Definitionen? Der zweiten zufolge ist Gott etwas, das Veränderungen bewirkt, ohne dass er selbst Veränderungen erfährt oder durch etwas verändert wird. Nach der fünften ist Gott etwas mit einem Intellekt, das natürliche Dinge zu ihren entsprechenden Zwecken führt. Aber wie nutzt Thomas diese nominalen Definitionen, wenn er argumentiert, dass Gott existiert? Er tut dies, indem er argumentiert, dass (a) alle Veränderungen, die von den Dingen erfahren werden, von etwas Unveränderlichem und Unveränderbarem ausgehen müssen, und dass (b) die Art und Weise, wie nichtrationale Dinge regelmäßig die Ziele suchen, die ihnen nützen, impliziert, dass sie durch etwas mit Verständnis zu diesen Zielen geführt werden.

Thomas von Aquin versteht unter Veränderung Veränderungen des Ortes (Ortsbewegung), der Qualität und der Quantität. Ich kann mich ändern, indem ich mich bewege. Aber ich kann mich auch ändern, indem ich blass werde oder an Gewicht zunehme. Gibt es jedoch Gemeinsamkeiten, wenn es um Veränderungsereignisse geht? Thomas meint, dass dies der Fall ist. Er argumentiert, dass Veränderung immer die Aktualisierung einer Potentialität ist – das Entstehen in etwas, das zuerst *so ist*, während es *in der Lage ist, so zu sein*.

Nehmen wir an, ich verlasse das Wohnzimmer und gehe in die Küche. Zuerst bin ich tatsächlich im Wohnzimmer, obwohl ich in der Küche sein könnte. Und wenn ich tatsächlich in der Küche bin, könnte ich wieder im Wohnzimmer sein. Dies alles scheint offensichtlich zu sein. Doch Thomas denkt, dass dies die Frage aufwirft: „Was erklärt, dass etwas aktual so und so ist und dazu *in der Lage* ist, verschieden davon zu sein, verschieden davon zu *werden?*"

Könnte es etwas sein, das wir in einer Beschreibung dessen, was das Ding tatsächlich ist, erfassen können, bevor es sich ändert? Thomas meint, dass dies nicht der Fall ist. Er schlägt vor, dass das, was ein Ding zum Zeitpunkt

1 ist, nicht in der Lage ist, das zu erklären, was es zum Zeitpunkt 2 ist, da das, was zum Zeitpunkt 2 kommt, *schlicht nicht zum Zeitpunkt 1 da war* und in Bezug auf etwas anderes als das Ding zum Zeitpunkt 1 betrachtet werden muss. Vor diesem Hintergrund argumentiert er, dass *alles*, was im Prozess der Veränderung ist, durch etwas anderes verändert werden muss. Er argumentiert auch, dass es keine Veränderungsprozesse geben kann, es sei denn, es gibt eine Ursache für Veränderungen, die nicht selbst etwas ist, das einer Veränderung unterliegt oder sich verändert. Der Aquinate denkt in der Tat, dass der Wandel in der Welt auf Gott zurückgeführt werden muss, der als Verantwortlicher für alle Veränderungen betrachtet wird, als Ursache für jegliche Veränderungen, als Verantwortlicher für das, was existieren könnte, während es tatsächlich existiert.

Unter den sich ändernden Dingen müssen wir aber sicher auch Dinge in die Natur einbeziehen, die immer in gewisser Weise so tätig zu sein scheinen, dass sie ein Ziel erreichen. Die Menschen handeln natürlich im Hinblick auf Ziele, die sie sich als intelligente Akteure vorgestellt haben. Sie putzen sich die Zähne, weil sie sie bewahren wollen; sie kaufen Tickets, um in ein Flugzeug zu steigen; und so weiter. Aber was sollen wir über Pflanzen sagen, die Wurzeln ausbilden, die zum Wasser streben? Pflanzen sind nicht in der Lage, darüber nachzudenken, was zu tun ist. Wie kommt es also, dass sie das tun, was sie tun?

Die offensichtliche Antwort auf diese Frage ist, dass sie das tun, was sie tun, weil sie das sind, was sie sind. Pflanzen wachsen auf *natürliche* Weise mit Wurzeln. Doch das Wachsen der Wurzeln scheint *zielorientiert* zu sein – auf ein Ziel ausgerichtet, das erreicht werden soll –, während die Vorstellung, ein Ziel anzustreben, zu implizieren scheint, dass etwas in der Lage ist, sich ein Ziel vorzustellen, auf das es gerichtet ist, was nichtdenkenden Dingen nicht möglich ist – wohingegen denkende Wesen dies können. Somit, sagt Thomas, „gibt es ein Wesen mit Intelligenz, das alle natürlichen Dinge zum Ziel führt, und dieses Wesen nennen wir ‚Gott'".[25]

---

[25] ST 1a.2.3.

4

Was ist Gott?

In der SCG I.14 sagt Thomas von Aquin, dass wir „bei der Betrachtung der göttlichen Substanz besonders die Methode der Verneinung anwenden sollten".[26] Er meint, dass wir uns um das kümmern sollten, was Gott nicht ist, und er rät uns deshalb, dies zu tun, weil er denkt, dass Gott unbegreifbar ist. Die „göttliche Substanz", sagt er, „übersteigt jede Form, die unser Intellekt erreicht, durch ihre Unermesslichkeit, und so können wir sie nicht derart begreifen, dass wir erkennen, was sie ist." Aber wir sind in der Lage, so fügt er hinzu, zu einer gewissen Erkenntnis zu gelangen, was Gott nicht ist. Er fährt fort:

> Und umso mehr nähern wir uns der Erkenntnis von ihm, je mehr wir durch unseren Verstand von ihm verneinen können. Wir erkennen nämlich etwas umso vollkommener, je umfassender wir seine Unterschiede gegenüber anderem betrachten. Jedes Ding hat nämlich in sich selbst ein ihm eigenes, von allen anderen Dingen unterschiedenes Sein. Deshalb stellen wir auch die Dinge, deren Definitionen wir verstehen, zuerst unter einer Gattung zusammen, durch die wir in allgemeiner Form wissen, was ein solches Ding ist. Dann erst fügen wir Unterschiede hinzu, durch die es von den anderen Dingen [dieser Gattung] unterschieden wird. Auf diese Weise wird eine vollständige Erkenntnis von der Substanz eines Dinges erreicht.[27]

Kurz gesagt: Während eine echte Definition von Gott jenseits unserer Fähigkeiten liegt, können wir einige Fortschritte im Verständnis von Gott machen, indem wir feststellen, wie sich Gott von verschiedenen Dingen unterscheidet.

[26] SCG 1.14.

[27] Übersetzung nach SCG, hrsg. und übersetzt von Karl Albert und Paulus Engelhardt unter Mitarbeit von Leo Dümpelmann.

Göttliche Einfachheit

Im Zuge der Entwicklung dieser Idee zeigt Thomas auf, dass Gott vollkommen einfach ist, da ihm Teile jeglicher Art fehlen. Die Schlussfolgerung, dass Gott in diesem Sinne einfach ist, wurde bereits vom hl. Augustinus und vom hl. Anselm kurz vorgebracht. Sie wurde auch vom Vierten Laterankonzil (1215) und wird später vom Ersten Vatikanischen Konzil (1869–70)[28] gelehrt. Aber der Aquinate entwickelt sie systematisch weiter. Sie steht im Zentrum seines Denkens über Gott und umfasst drei Hauptthesen:

1. Gott ist nicht veränderbar;
2. Gott fällt nicht unter eine Art; und
3. die Existenz Gottes hängt von nichts ab, was sich von Gott unterscheidet.

Wie ich bereits erwähnt habe, betrachtet Thomas Gott als die erste Ursache für alle Veränderungen, als denjenigen, der die Tatsache erklärt, dass die Dinge, die *aktual* so und so sind, *potentiell* davon verschieden sind und *aktual* anders werden. Die erste Phase der Verteidigung der Einfachheit Gottes besagt also, dass in Gott die Potentialität zur Veränderung fehlt, was Thomas dazu führt, zu bestreiten, dass Gott etwas Körperliches ist. So argumentiert er zum Beispiel, dass Körper immer potentiell teilbar sind, während nichts ein Körper sein kann, wenn ihm das Potential fehlt, geteilt oder aufgelöst zu werden. Ebenfalls argumentiert er, dass, wenn Gott nicht körperlich ist, Gott keine „Zusammensetzung“ von Form und Materie ist (im Sinne von Form und Materie, wie in Kapitel 2 erläutert). Aus der Sicht Thomas von Aquins muss Gott Form *ohne* Materie sein (ein *Was-Sein*, das nicht in etwas Physischem verkapselt ist).

[28] Zur Einfachheit Gottes bei Augustinus siehe: *Der Gottesstaat*, Deutsche Augustinus-Ausgabe, herausgegeben und übersetzt von Carl J. Perl, Paderborn 1999 (Schöningh Verlag), XI.10. Bei Anselm von Canterbury: *Monologion*, übersetzt von Franziscus S. Schmitt, Stuttgart 1964 (frommann-holzboog). Die Dokumente des Laterankonzils und des I. Vatikanischen Konzils finden sich in: Heinrich Denzinger: *Kompendium der Glaubensbekenntnisse und kirchlichen Lehrentscheidungen. Enchiridion symbolorum definitionum et declarationum de rebus fidei et morum*: Helmut Hoping, herausgegeben von Peter Hünermann, Freiburg 2017 (Herder).

In Phase zwei seiner Verteidigung der göttlichen Einfachheit führt Thomas aus, dass Gott, wenn er nicht materiell ist, kein Individuum sein kann, wenn wir „Individuum“ in dem Sinne verstehen, wie wir es zum Beispiel tun, wenn wir sagen, dass Rover und Fido zwei individuelle Hunde sind (siehe wiederum Kapitel 2). Thomas ist der Meinung, dass dies nur insofern Sinn machen kann, als es zwei Substanzen einer Art gibt, die wir auf der sensorischen Ebene unterscheiden können, was er so versteht, dass wir, wenn Gott kein Körper ist, keinen Sinn darin sehen können, dass Gott einer Art oder Gattung angehört, zu der es viele Glieder gibt. Nach Thomas können wir uns Gott nicht als etwas vorstellen, das eine Natur *hat*. Wir müssen Gott als *die göttliche Natur selbst* betrachten, während ich selbst weder meine Natur *bin*, noch Maria ihre Natur *ist*. Die „Individualität der Dinge, die nicht aus Materie und Form bestehen“, sagt Thomas, „kann nicht aus dieser oder jener individuellen Materie abgeleitet werden“. Die Formen solcher Dinge müssen also an sich individuiert sein und durch sich selbst als Dinge subsistieren.[29] Thomas geht nicht davon aus, dass wir uns eine Form vorstellen können, die außerhalb der Materie existiert. Aber er geht davon aus, dass wir Gott als eine solche Form begreifen müssen. Tatsächlich denkt er, dass Gott und das, *was Gott ist*, unvorstellbar auf dasselbe hinausläuft.

Phase drei von Thomas' Verteidigung der These, dass Gott ganz einfach ist, führt ihn zu der Feststellung, dass es in Gott keinen Unterschied von Wesen und Existenz gibt. Wie wir gesehen haben (siehe noch einmal Kapitel 2), argumentiert Thomas von Aquin, dass wir verstehen können, was die Natur von etwas ist, ohne zu wissen, dass eine bestimmte Sache mit dieser Natur existiert. Wir können wissen, was Katzen sind, ohne zu wissen, dass meine Katze existiert. Aber was ist, wenn Gott unverursacht existiert, während er zugleich die Existenz von allem anderen, das verschieden von Gott ist, erklärt? Dann, so Thomas, müssen wir davon ausgehen, dass „Sein“ das bedeutet, was Gottes *Wesen* ist. Er meint, dass Gott kein Seiendes unter den Seienden dieser Welt ist, sondern die Ursache dafür, dass es Dinge gibt, die man herausgreifen und voneinander unterscheiden kann. Für den Aquinaten ist Gott kein Seiendes einer bestimmten Art. Gott ist die unergründliche Quelle aller Seienden. Deshalb ist der

---

[29] Vgl. Brian Davis, Brian Lefton (eds.): *Aquinas Summa Theologicae. Questions on God*. Cambridge 2006 (Cambridge University Press), p. 34.

beste Name, den wir Gott geben können, *qui est* (das er ist).[30] Das Wort „Gott", fügt er hinzu, nennt nicht jemanden. Es ist der Name der göttlichen Natur (ST 1a.13.8).

Göttliche Attribute

Genau genommen denkt Thomas von Aquin Gott nicht als ein Wesen mit Attributen. Das liegt an seinem Verständnis von Gottes Einfachheit, nach dem alles, was in Gott ist, Gott selbst ist. Für Thomas sind Gott und Gottes Natur ein und dieselbe Realität. Da dieser Punkt jedoch als selbstverständlich angesehen wird, zögert Thomas nicht, zu sagen, dass Gott X, Y oder Z ist, wobei X, Y und Z Adjektive sind. Unter anderem behauptet er, dass wir von Gott als (1) vollkommen, (2) gut, (3) ewig, (4) erkennend, (5) wollend, (6) mächtig und (7) in allen Geschöpfen gegenwärtig sprechen können. Aber aus welchen Gründen glaubt er, dass wir das tun können, ohne dabei an die göttliche Offenbarung zu appellieren?

Gott ist vollkommen

Gott ist vollkommen, sagt Thomas, denn Gott ist die erste Ursache aller Dinge. Ein solches Seiendes, so argumentiert der Aquinate, kann nicht etwas sein, das *verbessert* werden kann. Es kann keine Potentialität beinhalten und muss vollständig aktual sein.

Thomas von Aquin verlässt sich dabei auf die Prämisse, dass eine vollkommene Sache das ist, „in dem nichts, was zu ihrer besonderen Art der Vollkommenheit gehört, nicht existiert" (ST 1a.4.1). Er argumentiert weiter, dass Gott als vollkommen angesehen werden kann, da die Vollkommenheit der Dinge, die Gott in die Existenz bringt, irgendwie in Gott als ihrer Ursache vorbestehen muss (unter der Annahme, dass eine Ursache nichts geben kann, was sie nicht selbst irgendwie *hat*).

Thomas ist der Meinung, dass die Dinge in der Welt, die Vollkommenheit zeigen, das widerspiegeln müssen, was Gott ist, nicht indem sie wortwörtlich Gott ähneln, sondern indem sie zeigen, was *in Gott ist*, bevor es *in ihnen*

---

[30] Vgl. ST 1a-13.11.

ist. Angesichts seiner Auffassung über die göttliche Einfachheit sagt Thomas nicht, dass Gott ein perfektes *so und so* benennbares Etwas ist. Er sagt, dass Gott, als Quelle bestimmter vollkommener Dinge, irgendwie die Vollkommenheit dieser Dinge beinhalten muss. Wir glauben, dass Schüler, die von Lehrern gelernt haben, diesen in Bezug auf das Wissen ähnlich sind. In ähnlicher Weise versteht Thomas die Vollkommenheit dessen, was Gott bewirkt hat, als Zum-Vorschein-Bringen – wenn auch in unvollkommener Weise – dessen, was Gott ist.

Gott ist gut

„Gut" ist ein eigenartiges Adjektiv, da es im ernsthaften Sinne nichts beschreibt. Ich meine, dass es sich von Adjektiven wie „gelb" unterscheidet. Wenn mir gesagt wird, dass etwas gelb ist, dann weiß ich etwas Genaues darüber, auch wenn ich nicht weiß, was es ist (ob es ein Löwenzahn, ein Stück Butter, ein Maiskolben oder was auch immer ist). Alle gelben Dinge haben eine bestimmte Eigenschaft oder ein bestimmtes Attribut. Aber dies gilt nicht für alle guten Dinge. Es gibt gute Ärzte, gute Hochschulen, gute Weine und so weiter. Man kann sich viele Dinge unterschiedlicher Art als gut vorstellen, aber nicht deshalb, weil sie sich anschaulich ähneln. Gute Ärzte *sehen* nicht aus wie gute Hochschulen, gute Weine unterscheiden sich sehr von guten Ärzten und so weiter.

Doch gibt es etwas, das wir von allen guten Dingen sagen können? Thomas denkt, dass es etwas gibt. Ihm zufolge nehmen wir alles, was wir als gut bezeichnen, in irgendeiner Weise als wünschenswert an.[31] Er stellt fest, dass die Wahrheit das ist, was erkannt wird, und die Güte das, was erstrebt wird. Und vor dem Hintergrund dieser Idee argumentiert er, dass Gott gut ist, da (a) alles seine Vollkommenheit begehrt und (b) alles seine Vollkommenheit in dem findet, was von Gott erschaffen wird und was in Gott als eine Art Blaupause für das, was Gott bewirkt, existiert. So wie die Dinge das suchen, was für sie gut ist, suchen die Geschöpfe das, was in Gott ist, der für das Gute in ihnen verantwortlich ist (ST 1a.6.1). Aus diesem Grund ist Gott der ultimative Schöpfer und damit das letztendlich wünschenswerte, das ultimative Gut, denn jedes Geschöpf, das sich natürlich zu

[31] Hier ist Thomas durch Aristoteles beeinflusst, nach dem „gut" das ist, was alle erstreben (*Nikomachische Ethik* 1.1.1094a3).

seiner eigenen Gutheit hinneigt, sucht Gott als das, was Gott als sein Schöpfer für ihn bestimmt hat.

Beachten Sie, dass sich dieser Ansatz zur Güte Gottes von denen unterscheidet, die uns sagen, dass Gott in der Weise gut sei, wie eine brave Person gut ist. Es geht nicht darum, zu behaupten, dass Gott *moralisch* gut ist, wenn er aus einem angemessenen Pflichtbewusstsein heraus handelt oder moralische Tugenden hat, die Menschen erwerben können. Thomas versteht Gott als Quelle für alles, was wir uns als real vorstellen können, und es kommt ihm nie in den Sinn, Gott als einen moralisch gut Handelnden in dem Sinne zu betrachten, wie Menschen als tugendhaft angesehen werden oder als solche, die das tun, was ihre Pflicht erfordert. Für Thomas kann der Erschaffer des Universums nicht etwas sein, das den Regeln unterliegt, die uns und unsere Tätigkeit bestimmen. Seine Ansicht ist, dass jede gute Sache in der Welt ihre Güte von Gott erhält, indem Gott alles, was wir erfassen und als gut betrachten können, existieren lässt.

Aber was ist das Schlechte in der Welt? Was ist mit der Krankheit? Was ist mit Menschen, die Völkermord begehen? Kann man Gott als gut bezeichnen, wenn man bedenkt, dass es eine lange Geschichte dieser Dinge gibt? Sollte Gott als Erschaffer des Universums nicht moralisch dafür verurteilt werden, dass er solche Dinge erlaubt? Sollten wir nicht annehmen, dass Gott moralisch böse ist?

Thomas hat nie eine moralische Verteidigung Gottes vorgestellt. So wie er Gott nicht als eine moralisch gute Person betrachtet, duldet er auch nicht die Vorstellung, dass Gott eine moralisch schlechte Person sei. Stattdessen argumentiert er, dass (a) Gott die Quelle aller guten Dinge in der Welt ist, und dass (b) Gott nicht die direkte Ursache für Schlechtes in ihr ist. Er verteidigt den letzten Punkt, indem er sagt, dass Schlechtigkeit nicht etwas ist, was Gott machen kann, da Schlechtigkeit oder Bosheit der Abwesenheit von Sein gleichkommt.

Für Thomas fehlt demjenigen, das schlecht ist, etwas, was es braucht, wie zum Beispiel einem Blinden das Sehvermögen fehlt. Aber ein Mangel ist keine Substanz, die existiert, und Gott kann ihn nicht erschaffen, so dass er existiert. Thomas von Aquin geht bei dieser Argumentationslinie nicht davon aus, dass Schlechtigkeit illusorisch ist. Er leugnet auch nicht, dass etwas schlecht oder fehlerhaft sein kann, weil etwas gegenwärtig ist (wie ein Radio, das jemand mit Zement gefüllt hat). Sein Punkt ist, dass „Schlechtigkeit“ nicht der Name einer existierenden Sache ist. So denkt er zum Beispiel, dass wir zwar die Anzahl der Katzen in einem Raum zählen können, aber wir können nicht in ähnlicher Weise die Anzahl der „Schlechtigkeiten“ im Raum zählen (siehe Kapitel 2, S. 18). Wir können Dinge in einem Raum zählen, die schlecht sind, aber dabei stellen wir fest, dass es ihnen an dem fehlt, was wir erwarten oder was sie haben sollten.

Natürlich ist Thomas von Aquin dessen gewiss, dass Gott die Dinge besser machen könnte, als sie sind. Er denkt zum Beispiel, dass Gott meine Grippe im Handumdrehen verschwinden lassen könnte. Aber er glaubt nicht, dass ich Gott moralisch dafür verantwortlich machen kann, dass er dies nicht getan hat, wobei ich unterstellen würde, dass Gott es hätte tun sollen. Stattdessen begnügt Thomas sich mit dem Schluss, dass alle schöpferische Güte von Gott kommt und dass das Schlechte kein Beweis gegen die Güte Gottes ist.[32]

Gott ist ewig

Thomas von Aquins Darstellung von Gottes Ewigkeit beruht auf seinem Verständnis der Zeit. Er argumentiert, dass Zeit nur insofern existiert, als Veränderungen nacheinander stattfinden. Dann zeigt er auf, dass Gott nicht in der Zeit ist und dass er ewig ist, da Gott völlig unveränderlich ist. Thomas schreibt:

> Wie wir zur Erkenntnis der einfachen Dinge nur auf dem Wege über die zusammengesetzten gelangen, so kommen wir zur Erkenntnis der Ewigkeit nur über die Erkenntnis der Zeit. Die Zeit ist aber nichts anderes als das durch die Zahl bestimmte Maß der Bewegung in Bezug auf das Vorher und Nachher.
> Ferner: Nach Aristoteles werden jene Dinge von der Zeit gemessen, die in der Zeit Anfang und Ende haben. Denn in allem, was in Bewegung ist, muss es einen Anfang und ein Ende geben. Das vollkommen Unveränderliche aber kann, weil es kein Nacheinander kennt, auch keinen Anfang und kein Ende haben.
> So wird also der Begriff der Ewigkeit aus zwei Merkmalen gewonnen: erstens daraus, dass das Ewige unbegrenzt, d. h. also: ohne Anfang und ohne Ende ist (sofern der Begriff der „Grenze“ auf beides angewandt wird); und zweitens daraus, dass

[32] Ich habe dies im Detail in *Thomas Aquinas on God and Evil* ausgearbeitet. Oxford 2011 (Oxford University Press).

die Ewigkeit selbst kein Nacheinander kennt, sondern in ihrer ganzen Fülle zugleich gegenwärtig ist.[33]

Einige haben Gott in dem Sinne als ewig bezeichnet, dass dies nur bedeute, dass Gott nie begonnen habe zu existieren und nie aufhören werde zu existieren. Aber Thomas von Aquins Sicht auf Gottes Ewigkeit geht über diesen Begriff hinaus. Er denkt, dass Gott ewig ist in dem Sinne, dass er außerhalb der Zeit ist, dass er keine Biographie oder Lebensgeschichte hat und dass er das Leben auf einmal und ohne Aufeinanderfolge genießt. Thomas akzeptiert eine berühmte Definition von Ewigkeit, die auf Boethius zurückgeht, wonach „Ewigkeit der vollkommene, vollständige und gleichzeitige Besitz eines grenzenlosen Lebens ist" (*Aeternitas est interminabilis vitae tota simul et perfecta possessio*).[34]

Gott ist erkennend und wollend

Thomas von Aquin schreibt Gott sowohl Erkenntnis als auch Willen zu. Um zu verstehen, warum er das tut, müssen wir jedoch verstehen, wie er Wissen und Willen bei den Menschen begreift, von denen er annimmt, dass sie die einzigen wissenden und wollenden Dinge sind, mit denen wir direkt vertraut sind, und von wo aus wir behaupten könnten, dass es Wissen und Willen in Gott gibt. Insbesondere müssen wir festhalten, dass Thomas denkt, dass wir (a) erkennen, wenn wir die Formen materieller Dinge auf immaterielle Weise empfangen, und dass wir (b) wollen, insofern wir von dem angezogen werden, was wir für gut halten.

Ich habe erklärt, dass der Aquinate der Meinung ist, dass Substanzen in der Welt Formen haben: das, was sie von Natur aus zu dem macht, was sie sind (siehe Kapitel 2). Er denkt auch, dass die Formen der materiellen Dinge in ihnen materiell existieren – das heißt, die Form einer Katze existiert in meiner Katze als das physische Ding, das sie ist.

Doch was ist, wenn ich dahin gelange, zu verstehen, was eine Katze ist? Thomas denkt, dass ich dann irgendwie ihre „Washeit" in mir haben muss und dass ich, wenn ich dies nicht habe, nicht wirklich erfasse, was eine Katze ist.

---

[33] ST 1a10.1.

[34] Boethius: *Trost der Philosophie*, Ditzingen 1986 (Reclam Universal Bibliothek).

Offensichtlich erkennt Thomas an, dass ich keine Katze bin und dass ich nicht die Form einer Katze *materiell* in mir haben kann, wie eine Katze die Form in sich hat. Daher argumentiert er, dass das Verständnis dessen, was eine Katze ist, darauf hinausläuft, dass ich ihre substantielle Form „intentional" besitze. Er sagt, dass es sich um das handelt, was in einer Katze *intelligibel* ist, die auf *immaterielle* Weise in mir zu sein scheint. So wird in ST 1a. 4.1 festgestellt, dass der „Unterschied zwischen erkennenden und nicht erkennenden Dingen" darin besteht, „dass letztere nichts als ihre eigene Form haben, während ein wissendes Subjekt ein Subjekt ist, dessen Natur es ist, zusätzlich die Form von etwas anderem zu haben". Thomas fährt fort: „So ist die Natur eines nicht erkennenden Subjekts im Vergleich zu erkennenden Subjekten beschränkter und begrenzter. Letztere haben einen größeren Umfang und eine größere Ausdehnung. Daher sagt Aristoteles, dass ‚die Seele in gewisser Weise alles ist'."[35]

Thomas von Aquin denkt also, dass Verständnis entsteht, wenn die Form von der Materie befreit wird, und dass, wie er sich ausdrückt, „die Abtrennung des Etwas von der Materie der Grund ist, warum wir erkennen können, und die Fähigkeit zum Erkennen im Verhältnis zum Grad der Freiheit von der Materie besteht". Aus der Sicht von Thomas ist Form ohne Materie Erkennen. Es ist die *Form als verstandene*. Thomas argumentiert, dass es in Gott Erkennen gibt, weil Gott vollkommen unveränderlich ist: „Weil Gott in höchstem Maße immateriell ist ..., folgt, dass Gott Erkenntnis in höchstem Maße hat." Er argumentiert weiter, dass sich Gottes Wissen unveränderlich auf alles Reale erstreckt, das von Gott verschieden ist, ob es nun Vergangenheit, Gegenwart oder Zukunft ist – aber angesichts seines Verständnisses von Gott als unveränderlich betrachtet Thomas das Wissen in Gott nicht als etwas, das Gott im Laufe der Zeit erwirbt oder durch Erforschung oder mit Hilfe von Experimenten erlangt. Für Thomas ist Gottes Wissen die ewige Wesenheit Gottes.

Und mit diesem Gedanken im Hinterkopf sagt Thomas, dass es in Gott einen Willen gibt. Er argumentiert so: Wenn der Wille bedeutet, zu dem gezogen zu werden, was man für gut hält, dann muss Gott, der alles weiß, was wirklich gut ist, zum Guten hingezogen werden. Für Thomas von

[35] ST 1a.4.1. Zitat des Aristoteles: *Über die Seele* 3.8, 431b21.

Aquin bedeutet das, dass Gott vor allem Freude an der vollkommenen Güte haben muss, die Gott selbst ist. Aber er denkt auch, dass die Güte in dem, was Gott erschaffen hat oder in die Existenz bringt, aus dem Willen Gottes hervorgehen muss. Er glaubt nicht, dass Gott die Güte für die Geschöpfe wollen *muss*. Er glaubt nicht, dass etwas Gott dazu zwingen kann. Er glaubt auch nicht, dass Gott die Güte der Geschöpfe will, weil Gott irgendwie unglücklich oder behindert wäre, wenn es keine Geschöpfe gäbe. Dennoch hält er fest, dass Gott Güte für die Geschöpfe will, nur weil die Geschöpfe von Gott gewollt werden, mit der Güte, die sie haben. Thomas nennt diesen Willen Gottes zur Güte in den Geschöpfen „göttliche Vorsehung".[36]

Gott ist allmächtig

Laut Thomas von Aquin hat Gott seine Macht nicht nur bis zu einem gewissen Grad. Gott ist *allmächtig*. Obwohl Thomas feststellt, dass „jeder bekennt, dass Gott allmächtig ist", räumt er ein, „dass es schwer zu erklären scheint, was die Allmacht Gottes bedeutet, da wir uns fragen könnten, was die Bedeutung von ‚allem' ist, wenn jemand sagt, dass Gott alles tun kann".[37]

Sollten wir zum Beispiel denken, dass Gott allmächtig ist, weil wir wahrheitsgemäß zu dem Ausdruck „Gott kann ___" Worte ergänzen können, die jede denkbare Leistung herausgreifen, die wir uns vorstellen können? Sollen wir annehmen, dass „Gott ist allmächtig" bedeutet, dass Gott ein Eis essen oder Fahrrad fahren kann? Einige haben vorgeschlagen, dass sich die göttliche Allmacht sogar auf das erstreckt, was wir uns nicht als wahr vorstellen können. Es wurde gesagt, dass Gott etwas tun könne, was logisch widersprüchlich ist – wie zum Beispiel, dass Dreiecke quadratisch sind. Sollten wir also denken, dass sich die Allmacht Gottes auf die Produktion logischer Unmöglichkeiten erstreckt?

Bei der Diskussion über die göttliche Allmacht hat Thomas keine Zeit für die Vorstellung, dass Gott das Unmögliche möglich machen kann. Er ist der Auffassung, dass eine logisch unmögliche Proposition gar keine

---

[36] Zur göttlichen Vorsehung bei Thomas von Aquin siehe ST 1a.22 und SCG II.64–77.
[37] ST 1a.25.3.

wirkliche Proposition ist, da sie sich selbst aufhebt. Zum Beispiel macht er deutlich, dass der Satz „X ist sowohl quadratisch als auch dreieckig" nichts aussagt, da die Bedeutung von „quadratisch" der Bedeutung von „dreieckig" widerspricht.

Thomas würde es auch für unsinnig halten zu sagen, dass Gott ein Eis essen oder Fahrrad fahren könne. Er bemerkt: „Wir sagen, dass das, was unter die menschliche Macht fällt, für uns möglich ist. Aber wir sollten nicht sagen, dass Gott allmächtig ist, weil Gott alles tun kann, was die geschaffenen Naturen tun können."[38]

Zugleich akzeptiert er Folgendes: „Wenn man aber sagt, Gott ist allmächtig, weil er alles kann, was in seiner Macht steht, so hat man bei der Erklärung der Allmacht sich im Kreis bewegt. Denn das wäre nichts anderes, als wenn man sagt: Gott ist allmächtig, weil er alles kann, was er kann".[39]

Am Ende schlägt Thomas daher vor, dass Gott allmächtig ist, da Gott alles in die Existenz bringen kann, was möglicherweise existieren kann. Er schreibt:

> Das göttliche Sein nun ... ist ein unendliches Sein, das nicht auf irgendeine Seinsgattung beschränkt ist, sondern die Vollkommenheit allen Seins in sich vorausbesitzt. Was immer darum Seinscharakter haben kann, fällt unter die schlechthin möglichen Dinge, bezüglich derer Gott allvermögend heißt.[40]

Thomas von Aquin hält fest, dass Gott allmächtig ist, da Gott alles machen kann, was in der Lage ist, zu sein – eine Vorstellung, auf die er sich stützt, wenn er von Gott spricht, der *in* allem Geschaffenen ist und *überall* gegenwärtig ist.

---

[38] ST 1a.25.3.
[39] ST 1a.25.3.
[40] ST 1a.25.3.

Gottes Gegenwart in den Dingen

Nach Thomas von Aquin ist Gott *in* allem, weil Gott für die Existenz der Geschöpfe von Augenblick zu Augenblick aktiv verantwortlich ist. So lesen wir:

> Gott ist in allen Dingen nicht als Teil ihres Wesens, auch nicht als eine ihrer Eigenschaften, sondern wie das Wirkende in dem ist, auf das es wirkt ... Da nun Gott kraft seines Wesens das Sein selbst ist, muss alles geschaffene Sein notwendig Gottes eigene und ausschließliche Wirkung sein, wie das Glühendmachen die ausschließliche Wirkung der Feuerglut ist. Diese Wirkung nun setzt Gott in den Dingen nicht nur in dem Augenblick, da sie zu sein anfangen, sondern solange sie im Sein erhalten werden. So wird das Licht in der Luft von der Sonne bewirkt, solange es hell ist. Solange also das Ding Dasein hat, so lange muss Gott in ihm gegenwärtig sein, und zwar entsprechend der Daseinsweise eines jeden Dinges. Nun ist aber das Sein das Innerste und Tiefste in allen Dingen, da ihm für alles, was sonst noch im Ding ist, die Aufgabe des Formgebenden zukommt. So muss also Gott in allen Dingen, und zwar innerlichst, gegenwärtig sein.[41]

Der Aquinate argumentiert weiter, dass Gott auch *überall* ist, weil er allen Orten Sein gibt. Da er Gott als unkörperlich auffasst, nimmt er nicht an, dass Gott überall als etwas Materielles ist. Aber er denkt, dass Gott überall ist, indem Gott *alle Orte* erschafft. So begründet Thomas, dass Gott „an jedem Ort ist, indem er ihm die Existenz und die Kraft gibt, ein Ort zu sein, so wie Gott in allen Dingen ist, indem er ihnen ihre Existenz, Kraft und Aktivität gibt ... Gott erfüllt alle Orte, indem er allem, was sie besetzen, die Existenz gibt."[42]

Bedeutet das, dass Gott in allen Prozessen, die stattfinden, schöpferisch am Werk ist? Thomas denkt, dass dies zutrifft. Einige Philosophen und Theologen haben darauf bestanden, dass freie menschliche Entscheidungen nicht Gottes Tun oder Wirken sein können, da sie nur von den Menschen stammen, die diese Entscheidungen treffen. Für Thomas kann es jedoch keinen Raum für die Vorstellung geben, dass etwas nur vom Geschöpf herrührt, da er Gott für alles, was in allem Geschaffenen wirklich ist, verantwortlich sieht.

---

[41] ST 1a.8.1.
[42] ST 1a.8.2.

Er glaubt, dass die Menschen manchmal freie Entscheidungen treffen. Aber für ihn ist ebenso klar, wie er sich ausdrückt, „dass Gott am Wirken der Natur und des Willens beteiligt ist".[43] Nach Thomas ist Gott „die Ursache für jedes Wirken, und zwar insoweit er (a) die Kraft zum Wirken verleiht, (b) diese Kraft erhält, (c) sie zur Wirkung gelangen lässt und (d) dank seiner Kraft eine jede andere Kraft wirksam ist".[44]

Thomas von Aquin ist sich bewusst, dass man bei dieser Argumentationsrichtung sagen könnte, dass Gott alles *bestimmt*, was wir tun. Aber er sagt das nicht. Er behauptet, dass Gott die erste Ursache aller Prozesse ist, *ob sie nun determiniert sind oder nicht.* Thomas hält einige Dinge für Wirkungen, die durch Ursachen bestimmt oder notwendig gemacht werden – so folgt etwa die Verbrennung der menschlichen Haut zwangsläufig aus der Aktivität der darauf gegossenen Schwefelsäure. Aber Thomas geht auch davon aus, dass es Ereignisse gibt, die nicht durch die Aktivität der Dinge in der Welt unvermeidlich werden – freie menschliche Entscheidungen sind die offensichtlichsten Beispiele. Dennoch besteht er weiterhin darauf, dass auch menschliche Entscheidungen ihr Sein von Gott haben.

Ein Werk, in dem Thomas in dieser Weise argumentiert, ist sein Kommentar zu Aristoteles' *Peri Hermeneias.* Dort fragt er, ob Gottes allgegenwärtiger schöpferischer Wille menschliche Entscheidungen zunichtemacht, die er als Dinge bezeichnet, die *sein können* im Gegensatz zu *sein müssen.* Er antwortet, dass, obwohl einige Dinge, die *geschehen müssen*, da sie durch Ursachen in der Welt bestimmt werden, es Raum für das gibt, *was sein kann*, obwohl Gott für die Existenz aller Geschöpfe verantwortlich ist. An diesem Punkt argumentiert Thomas folgendermaßen:

> Der Wille Gottes muss betrachtet werden als etwas, das außerhalb des Reiches der Existenzen existiert, als eine Ursache, aus der *alles* Existierende *in all seinen verschiedenen Formen* hervorgeht. Was nun *sein kann* und was *sein muss*, sind Varianten des Seins, so dass sich aus dem Willen Gottes selbst die Dinge ergeben, ob sie *sein müssen* oder nicht, und die Unterscheidung der beiden hinsichtlich ihrer unmittelbaren Ursachen. Denn Gott bereitet Ursachen, die für jene Wirkungen verursachen *müssen*, von denen Gott will, dass sie sein müssen, und Ursachen, die diese Wirkungen verursachen *können*, aber die scheitern können für solche

[43] *De Potentia* 3.7. Deutsche Übersetzung in: Thomas von Aquin: *Über Gottes Vermögen*, Teilband 1, übersetzt und herausgegeben von Stephan Grotz, Hamburg 2009 (F. Meiner), S. 160.
[44] Ibid., S. 167.

> Wirkungen, von denen Gott will, dass sie sein können oder nicht sein können. Und wegen der Natur dieser Ursachen werden einige Wirkungen als Wirkungen bezeichnet, die *sein müssen*, und andere als Wirkungen, die *nicht sein müssen*, obwohl alle vom Willen Gottes als erster Ursache abhängen, einer Ursache, die diese Unterscheidung zwischen Muss und Kann übersteigt. Aber dasselbe kann nicht über den menschlichen Willen oder eine andere Ursache gesagt werden, da jede andere Ursache im Bereich des Müssens oder Nichtmüssens existiert. Von jeder anderen Ursache muss also entweder gesagt werden, dass sie nicht verursachen kann, oder dass ihre Wirkung sein muss und nicht sein kann. Gottes Wille kann jedoch nicht scheitern, und doch *müssen* nicht alle Wirkungen Gottes sein, sondern einige können sein oder nicht sein.[45]

Die Tatsache, dass Gott die erste Ursache meiner Freiheit ist, ist laut Thomas von Aquin keine *Bedrohung*, sondern eine *notwendige Bedingung* für meine Freiheit – wie Gott die notwendige Bedingung für alle Geschöpfe ist.

---

[45] Thomas von Aquin: *On Aristotle's ,On Interpretation'* I.14. Eine deutsche Übersetzung des Textes ist nicht verfügbar.

5

Der christliche Gott

Einige theologische Kritiker Thomas von Aquins haben sich darüber beschwert, dass er das Christentum als eine Art nachträglichen Einfall zu betrachten scheint. Seine Interessen, so sagen sie, scheinen in Themen zu liegen, die nicht einzigartig christlich sind. Und es ist leicht zu erkennen, was dieses Urteil motiviert. Wir müssen bis 1a.27 der ST warten, bevor wir eine detaillierte Diskussion der Trinitätslehre finden, während sie in der SCG bis zu Buch IV nicht speziell behandelt wird. Auch in der ST bietet Thomas bis zu 3a.1 keine Behandlung der Lehre von der Inkarnation an, indes er sich damit in der SCG sogar bis zum Buch IV zurückhält.

Doch die Lehren der Dreifaltigkeit und der Inkarnation, die für das orthodoxe christliche Denken zentral sind, sind für Thomas von Aquin alles andere als nachrangig. Er geht sie leidenschaftlicher an als jedes philosophische Argument. Er glaubt, dass sie von Gott offenbart wurden. Er nimmt sie als selbstverständlich hin. Aber er ist auch der Ansicht, dass es Fragen über Gott gibt, die einige von uns bedenken sollten, bevor sie sich direkt der göttlichen Offenbarung und den Lehren der Trinität und der Menschwerdung zuwenden.

Zwei dieser Fragen sind: „Existiert Gott?" und „Was können wir, wenn überhaupt, ohne Hilfe der göttlichen Offenbarung von Gott erkennen?" Das sind keine Fragen, um die sich alle gläubigen Christen bemühen, aber Thomas hat mindestens zwei Hauptgründe, sich ausführlich mit ihnen auseinanderzusetzen, bevor er über die Dreifaltigkeit und die Inkarnation spricht.

Erstens erkennt er an, dass der Glaube, dass Gott etwas offenbart hat, den Glauben an die Existenz Gottes voraussetzt, und wirft damit die Frage auf:

„Können wir wissen, dass Gott existiert, im Gegensatz zum bloßen Glauben?“[46]

Zweitens geht er davon aus, dass die eine Wahrheit der anderen Wahrheit nicht widersprechen kann und dass die Lehren der Offenbarung nicht im Widerspruch zu dem stehen dürfen, was wir sonst über Gott wissen können.[47] In der Tat denkt er, dass wir, wenn wir wirklich erkennen, dass Gott existiert und dass er so und so ist oder auch nicht, positiv von diesem Wissen Gebrauch machen sollten, wenn wir versuchen, die durch die göttliche Offenbarung gelehrten Geheimnisse zu verstehen.

Thomas von Aquin über die christliche Lehre: Das Grundbild

Im Mittelpunkt der orthodoxen christlichen Lehre stehen die Lehren der Trinität und der Menschwerdung, wie sie von den Konzilien von Nicäa und Chalcedon gelehrt werden. Aber was lehren diese Doktrinen?

Gemäß der Lehre von der Dreifaltigkeit existiert Gott als drei Personen (Vater, Sohn und Heiliger Geist) in einer Substanz (Gott). Aus diesem Grund ist zwischen Vater, Sohn und Hl. Geist zu unterscheiden, die alle gleichermaßen göttlich sind. So sagt die Lehre von der Dreifaltigkeit: Der Vater ist Gott, und der Sohn ist Gott, und der Hl. Geist ist Gott. Ebenso jedoch erklärt die Dreifaltigkeitslehre: Vater, Sohn und Hl. Geist sind keine drei Götter, sondern ein Gott.

Die Lehre der Inkarnation besagt, dass in Jesus von Nazareth, der Zweiten Person der Dreifaltigkeit, Gott die Natur eines Menschen angenommen hat, ohne aufzuhören, göttlich zu sein. Der Katechismus der katholischen Kirche drückt es so aus: „Der Sohn Gottes nahm eine menschliche Natur an, um unsere Erlösung darin zu vollenden ... Er wurde ein wahrer Mensch und blieb gleichzeitig wahrer Gott. Jesus Christus ist der wahre Gott und der wahre Mensch.“

---

[46] SCG I.9.
[47] SCG I.3.

Angesichts dessen, was ich in Kapitel 4 gesagt habe, könnten Sie sich fragen, wie Thomas von Aquin Partei für die Lehren der Trinität und der Inkarnation ergreifen konnte. Er besteht darauf, dass es Gott an Teilen mangelt und dass Gott ganz einfach ist. Wie kann Thomas in diesem Fall aber auch glauben, dass Gott drei Personen ist? Wie kann er sich vorstellen, dass es einen Unterschied in Gott gibt? Kurz gesagt, wenn Gott unkörperlich, unveränderlich und ewig ist, wie kann Thomas behaupten, dass irgendein Mensch göttlich ist? Thomas von Aquin ist jedoch der Meinung, dass diese und ähnliche Fragen bis zu einem gewissen Grad beantwortet werden können, und er widmet ihnen große Aufmerksamkeit.[48] Insbesondere sagt er: (a) Gott ist dreifaltig, weil es in Gott Beziehungen gibt, die nicht auf *Akzidenzien* hinauslaufen, und (b) in Christus gibt es eine *Person* mit *zwei* verschiedenen Naturen.

Die Dreifaltigkeit

Thomas hält die Dreifaltigkeit für ein großes Geheimnis. Doch, wie Herbert McCabe sagt:

> Um Thomas zu verstehen, ist es wesentlich zu sehen, dass für ihn unsere Vernunft bereits gebrochen ist, wenn wir überhaupt von Gott sprechen ... Der Umgang mit Gott ist der Versuch, über das zu sprechen, worüber wir nicht reden können, über das zu denken, was wir nicht denken können, was nicht heißt, dass es sich um Unsinn oder Widerspruch handelt.[49]

Thomas glaubt also nicht, dass der Satz „Gott ist drei in einem“ mysteriöser ist als der Satz „Gott existiert“.

Aber sollten wir nicht annehmen, dass die Lehre von der Dreifaltigkeit unsinnig oder widersprüchlich ist? Thomas argumentiert, dass wir dies

---

[48] Zu Thomas von Aquins Erörterungen zur Dreifaltigkeit siehe besonders SCG IV.2–26 und ST 1a.27–43. Zur Frage der Inkarnation vgl. besonders SCG IV.27–49. Ich stelle detaillierte Ansätze Thomas von Aquins zur Trinität und zur Inkarnation vor in *Thomas Aquinas: ‚Summa Theologiae‘: A Guide and Commentary*, Oxford 2014 (Oxford University Press), Kapitel 6 und 20, und in *Thomas Aquinas: ‚Summa Contra Gentiles‘: A Guide and Commentary*, Oxford 2016 (Oxford University Press), Kapitel 16 und 17.

[49] Herbert McCabe: *God Still Matters*, 2002 London & New York (Continuum) p. 36.

nicht denken sollten. Dies geschieht jedoch nicht, indem er versucht, die Wahrheit der Trinitätslehre zu beweisen (siehe Kapitel 3, S. 30), oder indem er annimmt, zu verstehen, was Gott ist (siehe Kapitel 4, S. 36f.). Stattdessen versucht er zu erklären, wie es drei geben *könnte*, die göttlich sind, obwohl sie keine drei Götter sind.

In Johannes 8,42 spricht Jesus von sich selbst als vom Vater *ausgehend*, und in Johannes 15,26 bezieht er sich auf den „Geist der Wahrheit", für den dasselbe gilt. Thomas von Aquin reflektiert daher hauptsächlich die Lehre der Dreifaltigkeit, indem er den Gedanken des Ausgehens oder Zum-Vorschein-Kommens betrachtet. Wenn ich etwas mache, z.B. ein Gemälde, geht es offensichtlich *von* mir aus oder kommt *von* mir als etwas anderes als ich selbst. Aber nichts, was sich *von mir unterscheidet*, geht von mir aus, wenn ich nur an Dinge denke oder Begriffe davon bilde. Diese Gedanken oder Begriffe kommen und bleiben in mir. Thomas schlägt also vor, dass wir mit Nutzen darüber nachdenken können, was *in* Gott entstehen könnte, nur indem er Gott ist, und zwar mit Blick auf den Begriff des Hervorgehens in Gott.

Nehmen wir also an, dass Gott von Ewigkeit her einen Begriff von sich selbst gebildet hat. In diesem Fall, sagt Thomas, scheint es, dass es *in* Gott etwas geben könnte und *aus* Gott etwas hervorgeht, das sich nicht von Gott unterscheidet oder kein Akzidens in Gott ist (zum Begriff Akzidens siehe Kapitel 2). Weil alles, was in Gott ist, Gott selbst ist (da Gott ganz einfach ist), schlägt Thomas vor, dass, wenn Gott einen Begriff von Gott bildet, es in Gott ein Zum-Vorschein-Kommen geben könnte, das einfach Gott ist. So, sagt Thomas, können wir uns vorstellen, dass Gott der Sohn von Gott dem Vater ausgeht, wie Gott Gott versteht, und daher in einer Beziehung zu Gott dem Vater steht.

Aber nehmen wir nun auch an, dass Gott von Ewigkeit her das liebt, was Gott weiß, wenn er *Gott* erkennt, und dass das, was Gott dadurch erkennt, Gott gleich wiederliebt. In diesem Fall, sagt Thomas, *könnte* es in Gott eine ewige Freude an dem geben, was Gott ist – dieses Hervorgehen aus Gott und was Gott erkennt, wenn er erkennt, was Gott ist. So schlägt Thomas von Aquin vor, dass wir uns vorstellen können, dass Gott der Heilige Geist *in* Gott vom Vater und vom Sohn ausgeht. Wie das? Als die Liebe, die *in* Gott entsteht, wenn Gott erkennt und liebt, was göttlich ist.

Der Aquinate kommt zu dem Schluss, dass der Unterschied zwischen den Personen der Trinität als eine Beziehung angesehen werden kann. Dabei verwendet er das Wort „Beziehung“ offenkundig in einem ungewöhnlichen Sinne. Er sagt, dass die drei, die die Trinität bilden, Beziehungen sind, die in gewisser Weise als *Individuen* existieren. Er schlägt vor, dass wir die Personen der Trinität als *unterschiedliche Beziehungen* betrachten.

Dieser Vorschlag klingt seltsam, da wir Beziehungen im Allgemeinen nicht als existierende Individuen betrachten. Ich stehe in Beziehung zu meinen Freunden, so wie sie zu mir in Beziehung stehen. Aber unsere Beziehung ist kein Individuum. Doch Thomas sagt, wenn Vater, Sohn und Hl. Geist wirklich miteinander durch den Hervorgang verbunden sind, und wenn die Beziehung in Gott nicht eine Angelegenheit von etwas sein kann, das mit etwas der gleichen Art oder einer anderen Art in Beziehung steht, dann müssen Beziehungen, die in Gott existieren, selbst als Beziehungen existieren. Und da der Aquinate davon ausgeht, dass Gott total einfach ist, argumentiert er, dass alle realen Beziehungen in Gott Gott selbst sind. Er ist sich natürlich dessen bewusst, dass zum Beispiel drei Katzen nicht eine Katze sein können. Aber wenn er behauptet, dass die Lehre von der Dreifaltigkeit in gewissem Maße denkbar ist, sagt er nicht, dass wir Gott als drei Individuen einer Art betrachten können, während wir sie auch als ein Ding betrachten. Er bittet uns zu verstehen, dass der Hervorgang in Gott, soweit wir wissen, einer Unterscheidung ohne Unterschied der Wesenheit gleichkommen könnte (zur Wesenheit siehe Kapitel 2).

Was meint Thomas, wenn es um die Idee geht, dass es drei *Personen* in Gott gibt? Sicherlich ist nicht gemeint, dass Gott drei Bewusstseinssubjekte ist, wie drei Menschen. Thomas sagt dazu, dass es in Gott drei geben könnte, die wissen und wollen, wie Gott ohne Bezug auf die Lehre der Dreifaltigkeit zu betrachten ist. Er glaubt nicht, dass er beweisen kann, dass dies so ist. Aber er denkt, dass es möglich ist. Thomas meint nicht, dass wir durch philosophische Reflexion über Gottes Natur gezwungen sind, eine Unterscheidung in Gott zu postulieren. Er meint, dass es in Gott einen Unterschied geben muss, wenn Gott Vater, Sohn und Hl. Geist ist, wie das Dogma von der Dreifaltigkeit lehrt.

Die Inkarnation

Theologen unterscheiden manchmal zwischen der „immanenten Trinität“ und der „ökonomischen Trinität“. Mit der immanenten Trinität meinen sie Gott als Trinität von Ewigkeit: Gott als Dreifaltigkeit ohne Bezug zu den Geschöpfen. Mit der ökonomischen Trinität meinen sie die Trinität, die als in der Welt aktiv angesehen wird. Das bedeutet nicht, dass es zwei göttliche Trinitäten gibt. Es bedeutet, dass man zuerst an die Trinität als von Ewigkeit her existierend denken sollte und dann darüber nachdenken kann, wie die Trinität aufgefasst werden könnte, sofern sie im zeitlichen Bereich tätig ist.

Nach Thomas können wir uns in erster Linie die Dreifaltigkeit als in der Welt tätig vorstellen, weil Gott der Sohn in Jesus Mensch geworden ist. Hier greift Thomas auf den folgenden Teil der *Definition des Glaubens* zurück, der vom Konzil von Chalcedon stammt:

> In der Nachfolge der heiligen Väter also lehren wir alle übereinstimmend, unseren Herrn Jesus Christus als ein und denselben Sohn zu bekennen: derselbe ist vollkommen in der Gottheit und derselbe ist vollkommen in der Menschheit; derselbe ist wahrhaft Gott und wahrhaft Mensch aus vernunftbegabter Seele und Leib; derselbe ist der Gottheit nach dem Vater wesensgleich und der Menschheit nach uns wesensgleich, in allem uns gleich außer der Sünde; derselbe wurde einerseits der Gottheit nach vor den Zeiten aus dem Vater gezeugt, andererseits der Menschheit nach in den letzten Tagen unsertwegen und um unseres Heiles willen aus Maria, der Jungfrau (und) Gottesgebärerin, geboren;
> Ein und derselbe ist Christus, der einziggeborene Sohn und Herr, der in zwei Naturen unvermischt, unveränderlich, ungetrennt und unteilbar erkannt wird, wobei nirgends wegen der Einung der Unterschied der Naturen aufgehoben ist, vielmehr die Eigentümlichkeit jeder der beiden Naturen gewahrt bleibt und sich in *einer* Person und *einer* Hypostase vereinigt; der einziggeborene Sohn, Gott, das Wort, der Herr Jesus Christus.[50]

Thomas bezieht sich auf das Konzil von Chalcedon, um zu lehren: (1) Jesus war und ist Gott, der Sohn, und damit wahrhaft göttlich; (2) Jesus war und ist auch wahrhaft menschlich, und (3) in Jesus haben wir eine Person mit

---

[50] Zitiert nach Heinrich Denzinger: *Kompendium der Glaubensbekenntnisse und kirchlichen Lehrentscheidungen*, lat.-deutsch, hrsg. von Peter Hünermann, Freiburg, Basel, Wien [40]2005 (Herder). Nr. 301–302.

zwei Naturen (göttlich und menschlich). Aber Thomas von Aquin behauptet nicht, die Wahrheit dieser Behauptungen beweisen zu können, genauso wenig, wie er behauptet, beweisen zu können, dass Gott drei Personen in einem Gott ist. Er bezieht sich manchmal auf die Wunder Jesu, die mit der Behauptung übereinstimmen, dass Jesus göttlich sei. Doch er gibt nie vor, aus der Biographie Jesu dessen Göttlichkeit abzuleiten. Auch hier bezieht Thomas seinen Standpunkt aus dem Glauben. Auf der anderen Seite versucht er aber zu erklären, warum wir uns nicht widersprechen, wenn wir sagen, dass Jesus sowohl göttlich als auch menschlich war und ist.

Dabei erinnert uns Thomas zunächst daran, dass einfache Sätze typischerweise logisch betrachtet in Subjekt und Prädikat zerfallen. Nehmen wir zum Beispiel den Satz „John ist fröhlich". Diese Proposition greift zuerst etwas heraus (John) und verrät uns dann etwas über John (dass er fröhlich ist). Nun sagt Thomas, dass die Sätze „Jesus ist göttlich" und „Jesus ist menschlich" uns verschiedene Dinge über ein und dasselbe Individuum verraten.

Nun können wir offensichtlich verschiedene Dinge über eine Person aussagen. Wir können sogar Dinge über ein Individuum sagen, die nicht beide gleichzeitig wahr sein können. Am Mittwoch können wir sagen, dass John bei guter Gesundheit ist, während wir am Freitag feststellen können, dass er krank ist. Aber können wir verständlicherweise von etwas sagen, dass es im Wesentlichen das ist, was Dinge mit unterschiedlichen Naturen sind? Normalerweise können wir das natürlich nicht. Es wäre absurd zu sagen, dass X sowohl ein Säugetier als auch ein Reptil ist, was darauf hindeutet, dass der Satz „Jesus ist sowohl göttlich als auch menschlich" unsinnig wäre.

Thomas von Aquin argumentiert jedoch, dass hier alles davon abhängt, was wir mit dieser Proposition behaupten. Sagt sie uns, dass die menschliche Natur Jesu die gleiche ist wie die Natur Gottes? Sagt sie uns, dass die göttliche Natur wirklich die menschliche Natur ist? Thomas denkt, dass dies nicht der Fall ist. Er versteht den Satz „Jesus ist sowohl göttlich als auch menschlich" in dem Sinne, dass er erklärt, dass Jesus ein Subjekt mit zwei verschiedenen Naturen (göttlich und menschlich) ist. Dementsprechend denkt er, dass wir, ohne uns selbst zu widersprechen, wahrhaftig

Dinge wie „Jesus ist ewig und unkörperlich“ und „Jesus wurde geboren und ging in Jerusalem umher“ sagen können.

Angenommen, ich sage, dass der Präsident der USA, der in den USA geboren werden muss, das Recht hat, die US-Truppen zu befehligen. Hier würde ich wirklich und in Übereinstimmung mit der US-Verfassung reden. Aber verpflichte ich mich damit zu dem Schluss, dass der US-Präsident *als Bürger der USA* das Recht hat, die US-Truppen zu befehligen? Offensichtlich nicht. So können wir unterscheiden, was in einer bestimmten Beschreibung wahr sein könnte und was in einer anderen Beschreibung wahr sein könnte. Als US-Präsident könnte jemand in der Lage sein, die US-Truppen zu befehligen, aber nicht als US-Bürger, obwohl der US-Präsident ein Bürger der USA sein muss. Wir können das wegen der Kraft des Wortes „als“ sagen. Wir widersprechen uns nicht selbst, indem wir sagen, dass ein US-Präsident sowohl die Macht hat als auch nicht die Macht hat, die US-Truppen zu befehligen. Er oder sie hat diese Macht, aber als Präsident und nicht als US-Bürger.

Denken Sie aber jetzt an das, was wir von einer Sache sagen könnten, die zwei verschiedene Naturen und nicht nur zwei verschiedene Rollen in der Gesellschaft hat (oder so ähnlich). Wir denken vielleicht nicht, dass wir beweisen können, dass es so etwas gibt. Aber was ist, wenn wir annehmen, dass es so etwas gibt, wie es in der Lehre der Inkarnation gilt? Dann könnten wir sagen, wie Thomas von Aquin es tut, dass man davon ausgehen kann, dass etwas *diese* Natur hat, von der man *so und so* sagen kann, während es zugleich *diese* Natur hat, von der man *etwas anderes* sagen kann. Man könnte sagen, dass Jesus ein Subjekt mit zwei verschiedenen Naturen ist, auf die wir hinweisen können, indem wir verschiedene Dinge von ihm sagen, wie z. B. „Jesus ist ewig und unkörperlich“ und „Jesus wurde geboren und ging in Jerusalem umher“.

Der Aquinate behauptet hier nicht, dass der Mensch Jesus vor seiner Geburt existierte. Er vertritt ganz klar die Glaubensposition, dass Jesus an einem Punkt der Menschheitsgeschichte gekommen ist. Aber er versteht Jesus als die zweite Person der Dreifaltigkeit und denkt, dass Gott, der Sohn, die Natur eines Menschen angenommen hat. Er glaubt, dass „das Wort Fleisch geworden ist und unter uns gelebt hat“, wie es in Johannes 1,14 heißt. Thomas geht nicht davon aus, dass sich Gott verändert hat, indem er sich inkarniert hat. Er denkt, dass in der Zeit jemand geboren wurde, der sowohl göttlich als auch menschlich war. Für Thomas ist Jesus ein historisches Individuum mit zwei verschiedenen Naturen, wie das Konzil von Chalcedon lehrt. So argumentiert er, dass es in Jesus ein Individuum mit zwei Naturen gibt. Und er nimmt das eine Individuum hier als die zweite Person der Trinität. So haben wir zwei Möglichkeiten, über Jesus zu sprechen oder Dinge von ihm auszusagen: eine, bei der wir festhalten, was ihm als göttliche Person zugeschrieben werden kann, und eine, bei der wir festhalten, was über ihn als Mensch wahr ist. Sie und ich sind Individuen mit nur einer Natur (der menschlichen Natur). Doch Thomas hält es nicht für unmöglich, dass es ein Individuum mit zwei Naturen gibt. So nimmt er Prädikate wie „___ ist ewig und unkörperlich" und „___ ging in Jerusalem umher", um sie auf Jesus anzuwenden, der als die zweite Person der Dreifaltigkeit betrachtet wird, die eine menschliche Natur angenommen hat.

Ich möchte hinzufügen, dass Thomas aus diesem Grund der Meinung ist, dass der Satz, dass „Jesus in Jerusalem umhergegangen ist", durch den Satz, dass „Gott in Jerusalem umhergegangen ist", ersetzt werden kann und umgekehrt. Das liegt daran, dass das Subjekt in beiden Sätzen ein Individuum ist – die zweite Person der Dreifaltigkeit. Thomas von Aquin geht davon aus, dass dies der Fall ist, so dass er denkt, dass dieses Individuum ebenso gut herausgegriffen werden kann, indem man es als Gott oder als Jesus bezeichnet. Laut Thomas sagen „Jesus ging in Jerusalem umher" und „Gott ging in Jerusalem umher" genau das Gleiche, da Jesus ein Subjekt mit zwei Naturen ist. Thomas glaubt nicht, dass der Satz „Jesus ging *als Gott* in Jerusalem umher" der gleiche Satz ist wie „Gott ging in Jerusalem umher", da der erste Satz hier zu Unrecht „durch Jerusalem gehen" der göttlichen Natur als solcher zuordnet. Dennoch glaubt Thomas, dass, wenn Jesus durch Jerusalem ging, Gott durch Jerusalem ging.

Das wiederum bedeutet, dass Thomas' Behandlung von Gott, wie ich sie in Kapitel 4 zusammengefasst habe, alles andere als sein letztes Wort über Gott ist. Er hält stets daran fest, dass Gott einfach, unveränderlich, ewig, allwissend und allmächtig ist. Im Lichte der Lehre von der Menschwerdung ist ihm jedoch ebenso klar, dass Gott buchstäblich unter uns lebte und starb. Thomas zeigt auf, dass „Menschsein eine Frage dessen ist, was

Jesus als Jesus ist; und Göttlichkeit ist eine Frage dessen, was Jesus als Jesus ist".[51]

Warum wurde Gott Mensch?

Wenn Gott in Jesus inkarniert wurde – warum geschah dies? Thomas' grundlegende Antwort auf diese Frage lautet: „Um uns in Liebe zu Gott zu führen". Der Aquinate betrachtet die Inkarnation als eine Hilfe für uns bei der Vereinigung mit Gott, trotz unserer Fehler. Er ist überzeugt, dass wir fehlerhaft oder sündig sind, weil wir dazu neigen, schlecht zu denken und uns schlecht zu verhalten, und er betrachtet die Menschwerdung als Gottes Weg, uns ungeachtet dieser Tatsache zu sich hin zu ziehen.[52] Thomas betrachtet die Menschwerdung nicht als etwas Magisches – als ob ihr bloßes Auftreten automatisch die menschliche Sünde beseitigt und uns sofort in einen Zustand der Vereinigung mit Gott gehoben hätte. Er ist der Ansicht, dass wir dabei eine eigene Rolle spielen müssen, um mit Gott vereint zu sein, und dass unsere Aufgabe darin besteht, uns der Güte Gottes anzupassen, wie sie in Jesus offenbart wird. Aber er ist auch der Meinung, dass Gott in der Inkarnation einen entscheidenden Schritt zu unseren Gunsten getan hat, einen, der die Liebe zu uns ausdrückt, einen Willen von unvergleichlicher Güte.

Zum einen, sagt Thomas, hat uns Gott, als einer von uns, mehr über Gott gelehrt, als die menschliche Vernunft ableiten kann. Insbesondere hat uns Gott gelehrt, dass Gott – trotz der Kluft zwischen Gott und den Menschen, die die Vernunft anerkennen sollte – mit uns vereint sein will. Thomas behauptet sogar, dass die Inkarnation zeigt, dass wir tatsächlich eine *Freundschaft* mit Gott haben können. Freundschaft scheint eine Art *Gleichheit* zu bedeuten. Sie können mein Freund sein, aber mein Goldfisch kann es nicht.[53] Doch Thomas stellt fest, dass Gott aufgrund der Inkarnation buchstäblich ernsthaft gleichwertig mit uns geworden ist oder dass,

---

[51] McCabe: *God Still Matters*, p. 111.
[52] Im Besonderen versteht uns Thomas als geboren in dem, was er die „Erbsünde" nennt. Er glaubt, dass diese Auffassung mit den biblischen Texten in Übereinstimmung steht, so mit Genesis 3 und dem Römerbrief 5. Thomas diskutiert das Problem der Erbsünde in ST 1a2ae.81–85.
[53] Vgl. ST 2a2ae.23.1.

vielleicht besser gesagt, Gott gezeigt hat, dass wir Ihn aufgrund der Inkarnation, mit der Er uns in der Zeit etwas darüber sagt, worum es bei Gott, in der Ewigkeit, geht, als gleichwertig mit uns betrachten können.

Ein weiteres Thema, das Thomas von Aquin anspricht, ist, dass der Tod Jesu uns zu Gott führt, wenn wir die Absichten Jesu annehmen, wenn wir seinen Tod annehmen. Thomas glaubt nicht, dass Jesus sterben *musste*. Er glaubt nicht, dass diejenigen, die ihn getötet haben, dazu *gezwungen* wurden. Er sagt, dass Jesus von Anfang an ein Mittel zur menschlichen Erlösung war, vom Augenblick seiner Empfängnis an.[54] Wenn es um die Kreuzigung Jesu geht, konzentriert sich Thomas von Aquin daher auf das, was Jesus tat, indem er bereit war, durch die Hände von Menschen zu sterben, die in der Lage waren, Entscheidungen zu treffen. In diesem Zusammenhang stellt der Aquinate eine Reihe von Beobachtungen an, darunter die folgenden.

1. Gott wurde Mensch, um die Menschen zu Gott zu führen. Jesus nahm den Tod an, während er zugleich gegenüber denjenigen, die ihn ablehnten, seiner Botschaft treu blieb. Damit wollte er seinen Anhängern ein Beispiel geben.
2. Der Tod Jesu zeigt uns, wozu Gott bereit ist, um uns zu anzunehmen, wenn wir wollen, dass Gott dies tut, und wenn wir versuchen, Gott im Gegenzug anzunehmen, indem wir nach der Lehre Jesu handeln.
3. Der Tod Jesu „rechtfertigt" die Menschen, die hinter dem zurückbleiben, was Gott mit ihnen als vollkommenen Menschen will, die mit Gott in Liebe vereint sind.

Genugtuung

Was meint Thomas mit „Genugtuung" bzw. „Rechtfertigung" unter Punkt 3 oben? Er meint nicht, dass Gott den Tod Jesu ertragen musste, damit den Sündern vergeben werden kann. Er denkt, dass, da jedes Fehlverhalten oder jede Sünde am Ende ein Vergehen gegen Gott ist, es nichts gibt, was Gott davon abhalten könnte, diese Sünden einfach zu vergeben.[55]

---

[54] Vgl. ST3a.48.1.
[55] ST3a.46.2.

Andererseits ist Thomas aber auch der Ansicht, dass wir den Tod Jesu als angemessen oder adäquat (*conveniens*) im Lichte von etwas betrachten können, was wir im Umgang miteinander als selbstverständlich betrachten könnten.

Angenommen, ich stehle Ihnen Geld. In diesem Fall könnten Sie sagen, dass ich Sie entschädigen sollte. Oder, wie Thomas sagen würde, Sie könnten denken, dass ich Ihnen *Genugtuung* verschaffen sollte. Ich habe Ihnen Unrecht getan, also muss ich das wiedergutmachen. Aber wer kann die Sünden aller Menschen wiedergutmachen? Niemand, wie es scheint.

Aber was wäre, wenn Gott Mensch würde, der bereit wäre zu sterben, indem er die menschliche Rasse, sozusagen als ihr Champion, vertritt? In diesem Fall, so meint Thomas, hätte die Menschheit jemanden, der sie zu der Barmherzigkeit Gottes führt, jemanden, der sowohl *menschlich* als auch *göttlich* ist und das menschliche Wohlergehen im Einklang mit Gott will.[56] Und vor diesem Hintergrund argumentiert Thomas, dass wir den Tod Jesu als den Tod sowohl Gottes als auch eines Menschen als *conveniens* ansehen können, da es Gott als dem besten der Menschen entspricht, bereitwillig dem Willen Gottes zu entsprechen, und Er den Rest von uns dazu auffordert, dasselbe zu tun.

Thomas denkt nicht, dass der Tod Jesu eine automatische Wirkung habe. Aber er sieht ihn als etwas an, das Wirkungen und einen Wert unter der Bedingung hat, dass die Menschen ihn anerkennen, dass er uns zeigt, wie Gott aussieht, wenn er sozusagen auf die Leinwand der Menschheitsgeschichte projiziert wird.

Wie wir gesehen haben (Kapitel 3 und 4), glaubt Thomas nicht, dass wir uns Gott vorstellen können oder dass wir uns vorstellen können, was Gott ist. Aber er denkt zweifellos, dass wir uns ein Bild davon machen können, wie Jesus (der inkarnierte Sohn Gottes) so und so lehrt und stirbt, weil er nicht bereit war, diese Lehre zurückzunehmen. Und Thomas von Aquin ist der Meinung, dass wir dieses Bild so aufnehmen sollen, dass es uns zeigt, dass Gott uns von unserer Sündhaftigkeit befreien will, statt nur

[56] Vgl. ST3a.48.1.

einen magischen Vergebungsstab zu schwenken. Er nimmt dies an, um uns zu zeigen, dass Gott die Sünde ernst nimmt, während er sie freiwillig wiedergutmachen will, unter der Bedingung, dass wir uns ihm in dem Abenteuer anschließen, Mensch *vor* Gott und *mit* Gott zu sein.

6

Menschen

Was sind wir? Thomas von Aquin beantwortet diese Frage auf zwei Ebenen. Als christlicher Theologe ist er daran interessiert, zu erklären, was wir nach dem Tod sind, wie wir in der Lage sind, die Vereinigung mit Gott zu genießen, die er Glückseligkeit (*beatitudo*) nennt. Diese Vereinigung, sagt er, ist Gottes Geschenk an uns. Sie hängt von der göttlichen Gnade ab und kann nicht einfach durch menschliche Anstrengung erreicht werden. Doch Thomas gibt auch einen Ansatz hinsichtlich des Menschen jenseits des Glaubens an die göttliche Offenbarung und die göttliche Gnade. Er bietet also sowohl eine theologische als auch eine philosophische Darstellung der Frage „Was sind wir?".

Thomas von Aquins Philosophie des menschlichen Wesens

Ich und mein Leib

Thomas von Aquins philosophischer Zugang zur Natur des Menschen steht im Gegensatz zu zwei anderen, die in der Geschichte der Philosophie eine sehr wichtige Rolle gespielt haben. Der erste davon besagt, dass wir im Wesentlichen *nichtkörperlich* seien. Die zweite behauptet, dass wir *nichts anderes* seien als physische Objekte.

Descartes war ein bemerkenswerter Verfechter der ersten dieser Ansichten. Nach seinem Ansatz ist mein Körper nicht ich selbst, obwohl ich einen Körper habe. Er argumentiert:

> Die Tatsache, dass ich eine Sache klar und deutlich verstehen kann, reicht aus, um sicherzugehen, dass zwei Dinge unterschiedlich sind. [...] Indem ich also einfach weiß, dass ich existiere, und gleichzeitig sehe, dass absolut nichts zu meiner Natur oder Wesenheit gehört, außer dass ich ein denkendes Ding bin, kann ich richtig ableiten, dass meine Wesenheit nur in der Tatsache besteht, dass ich ein denkendes Ding bin. Es ist wahr, dass ich einen Körper habe (oder, um es vorwegzunehmen, einen Körper, der sehr eng mit mir verbunden ist). Aber dennoch habe ich auf der einen Seite eine klare und deutliche Vorstellung von mir selbst insofern, als ich einfach ein denkendes, nicht ausgedehntes Ding bin; und auf der anderen Seite habe ich eine klare Vorstellung vom Körper insofern, als dieser einfach ein ausgedehntes, nicht denkendes Ding ist. Und dementsprechend ist es sicher, dass ich wirklich von meinem Körper verschieden bin und ohne ihn existieren kann.[57]

Nach der zweiten Ansicht sind wir ganz und gar körperlich. Diese Ansicht stammt, mit verschiedenen Schwerpunkten und Darlegungen, von verschiedenen Philosophen, aber sie besteht im Grunde darauf, dass ich nur mein Körper bin. Es wurde manchmal gesagt, dass das Denken nur ein Gehirnprozess sei, oder dass wir unser Gehirn seien.

Nach Thomas von Aquin sind wir jedoch nicht nur immateriell, und auch nicht rein physisch. Aber wie kommt er zu diesem Schluss?

Er beginnt wie immer, wenn er versucht, eine Frage zu beantworten: „Was ist X?“ Er denkt, dass wir nur wissen, was etwas ist, insofern wir es in Bezug auf Gattung und Art definieren können (siehe Kapitel 2). Dieser Gedanke veranlasst ihn zu sagen, dass wir individuelle Menschen aus Fleisch und Blut sind, nicht Dinge, die völlig immateriell sind. Thomas hätte keinen Sinn für die Anweisung: „Zählen Sie die Anzahl der nichtkörperlichen Menschen in der Welt“. Er stimmt zu, dass alle Lebewesen in der Welt Seelen haben (siehe auch Kapitel 2). So akzeptiert er, dass Menschen Seelen haben. Aber er glaubt nicht, dass menschliche Seelen mit Menschen identisch sind. Er hält fest, dass ich nicht meine Seele bin, sondern dass die Seele ein *Teil* von mir ist.

---

[57] René Descartes: *Meditationen über die Grundlagen der Philosophie mit sämtlichen Einwänden und Erwiderungen*. II. Meditation, eigene Übersetzung.

Anstatt zu sagen, dass ich meine Seele bin, erklärt Thomas, dass meine Seele die Form meines Körpers ist. Damit meint er, dass ich ein Lebewesen der besonderen Art bin. Er meint, dass ich so am Leben bin, wie ein Fisch es nicht ist. Fische sind, im Gegensatz zu Menschen, Wasserbewohner. Fische sind Dinge mit einer substantiellen Form, die sich von der des Menschen unterscheidet (zur substantiellen Form siehe noch einmal Kapitel 2). Thomas von Aquin ist also der Meinung, dass meine substantielle Form als Mensch das ist, was vonnöten ist, damit ich als Mensch lebendig bin. Und er drückt dies aus, indem er sagt, dass meine Seele die Form meines Körpers ist: das, was mich zu dem Lebewesen macht, das ich bin, das, was meine Tätigkeit oder mein Verhalten ausmacht, das, was als *eine* echte Substanz betrachtet wird und nicht als eine Sammlung von interagierenden Bits, wie bei Uhren oder Computern.

Aber was für ein Lebewesen bin ich? Thomas glaubt, dass ich eines bin mit den Fähigkeiten, die man in Biologie-Lehrbüchern den Lebewesen zuschreibt. So denkt er, dass ich in der Lage bin, mich zu bewegen, auf meine Umgebung zu reagieren und zu wachsen oder mich zu reproduzieren. Aber er meint auch, dass ich in der Lage bin, etwas zu erreichen, was nicht alle Lebewesen erreichen können. Denn er versteht Menschen als Lebewesen, die in der Lage sind, zu verstehen und bestimmte Ziele auf der Grundlage dieses Verstehens zu verfolgen (siehe Kapitel 4). So hält er fest, dass meine Seele mich zu dem macht, was ich bin, weil sie dafür verantwortlich ist, dass ich in der Lage bin, zu verstehen und zu wollen. Und er versteht meine Seele als etwas, das meinen Körper dergestalt in*form*iert, dass die Tätigkeit der Seele *durch andere* Tätigkeiten verläuft, die ich durchführe – wie Sprechen, Gehen, Wahrnehmen, Essen oder Riechen. Thomas stimmt zu, dass wir einige dieser Tätigkeiten auch anderen Lebewesen als Menschen zuschreiben können. Er erkennt er an, dass z. B. Katzen gehen und essen. Er ist jedoch der Ansicht, dass es sich in meinem Fall um Tätigkeiten eines Lebewesens mit Kräften handelt, die Katzen und dergleichen fehlen.

Unsere Fähigkeit, zu verstehen und zu wollen, führt Thomas schließlich dazu, zu behaupten, dass eine menschliche Seele etwas ist, das immateriell existiert. Er ist sich bewusst, dass Menschen im Wesentlichen materielle Dinge sind. Gleichzeitig ist er aber überzeugt, dass der Mensch in sich etwas Nichtmaterielles hat, etwas, das ein für ihn einzigartiges Prinzip (*principium*) ist, wie etwas am Leben ist, etwas, das die innere Quelle des Lebens ist, wie sie der Mensch zeigt.

Er bewegt sich auf diese Schlussfolgerung zu, indem er argumentiert, dass ein Körper nicht das Grundprinzip des Lebens sein kann. Daher sagt er:

> Offenbar ist nämlich nicht jedweder Grund einer Lebenstätigkeit eine Seele. Denn so wäre das Auge eine Seele, da es ein Grund des Sehens ist. Dasselbe wäre von den anderen Werkzeugen der Seele zu sagen. Vielmehr nennen wir nur den ersten Lebensgrund Seele. Obgleich nun ein Körper ein Lebensgrund sein kann, wie das Herz Lebensgrund im Sinnenwesen ist, so kann doch kein Körper erster Lebensgrund sein. Denn es liegt auf der Hand: Lebensgrund oder lebend zu sein, kommt einem Körper nicht zu, weil er Körper ist – sonst wäre jeder Körper lebend oder Lebensgrund. Es kommt somit einem Körper nur deshalb zu, lebend oder auch Lebensgrund zu sein, weil er „ein solcher" Körper ist. Was aber in Wirklichkeit „ein solches" ist, das hat dies von einem Grund, der seine Wirklichkeit genannt wird. Somit ist die Seele, die der erste Lebensgrund ist, nicht Körper, sondern Wirklichkeit des Körpers, wie die Wärme, die Grund der Erwärmung ist, nicht Körper, sondern eine Wirklichkeit des Körpers ist.[58]

Aber existiert die menschliche Seele immateriell? Thomas argumentiert, dass die menschliche Seele immateriell existiert, im Gegensatz zu den Seelen anderer Lebewesen. In diesem Zusammenhang konzentriert er sich auf das Verstehen, das er anderen Lebewesen als einen Mangel abspricht.[59] Wie wir gesehen haben (Kapitel 4), ist Thomas der Ansicht, dass Verstehen die Existenz der Form ohne Einschränkung durch die Materie bedeutet. Auf dieser Grundlage argumentiert er, dass wir verstehen aufgrund dessen, was als distinkt (subsistierend) und immateriell existieren muss. Er schreibt:

---

[58] ST 1a.75.1. Zitiert nach der *Deutschen Thomas-Ausgabe*, Band 6.

[59] Der Aquinate bestreitet nicht, dass es manchen Menschen an Verständnis mangelt. Er versteht Babys als Menschen, aber er nimmt nicht an, dass sie bei der Geburt verstehen. Auch ist er sich bewusst, dass Menschen physische Schäden erleiden können, die sie des Verständnisses berauben. Wenn er sich auf Menschen als solche konzentriert, die in der Lage sind zu verstehen, denkt er an sie als aktual oder als potentiell Verstehende, abgesehen davon, dass sie durch Störungen oder Schäden daran gehindert werden können. Nach Thomas bedeutet die Tatsache, dass wir Menschen als rationale Sinneswesen definieren können, nicht, dass jeder einzelne Mensch zu rationalem Denken oder Verstehen in der Lage ist. Es bedeutet, dass der Mensch größtenteils (*ut in pluribus*) in der Lage ist, rational zu denken oder zu verstehen. Für eine Diskussion Thomas von Aquins zu diesem Thema siehe Herbert McCabe: *God and Evil in the Theology of St Thomas Aquinas* (Continuum: London, 2010), pp. 34–40.

> Man muss notwendig sagen: das, was Grund der Verstehtätigkeit ist [...], ist ein unkörperlicher und selbständiger Grund. Es ist nämlich offensichtlich, dass der Mensch durch den Verstand die Natur aller Dinge erkennen kann. Was aber etwas erkennen kann, darf nichts davon in seiner Natur haben, weil das, was naturhaft in ihm wäre, die Erkenntnis anderer Dinge hindern würde. [...] Desgleichen ist es unmöglich, dass er durch ein körperliches Organ erkenne. [...] Somit hat der Urgrund des Verstehens, den wir Geist oder Verstand nennen, eine Tätigkeit für sich, an der der Körper nicht teilnimmt. Nichts kann aber für sich tätig sein, wenn es nicht für sich besteht. Denn tätig sein ist nur Sache eines in Wirklichkeit Seienden. Daher ist etwas in der Weise tätig, in der es ist. Deshalb sagen wir auch nicht: die Wärme wärmt, sondern das Warme. – Es ergibt sich also, dass die menschliche Seele, die Verstand oder Geist genannt wird, etwas Unkörperliches und Selbständiges ist.[60]

Hier sagt Thomas (a), dass wir aufgrund unserer Seele, die unseren Körper *informiert*, verstehen; (b), dass es eine Tätigkeit unserer Seele gibt, die keine Tätigkeit unseres Körpers ist; und (c), dass unsere Seele *daher immateriell subsistiert.*

Seele ohne Körper

Thomas von Aquin betrachtet uns also als körperliche Wesen, die ein nichtmaterielles Element haben, das er als ein subsistierendes Ding bezeichnet: eine menschliche Seele. Doch natürlich geht unser Körper zugrunde. Wir sterben. Thomas glaubt jedoch, dass wir nicht ganz ausgelöscht werden, wenn wir sterben. Welchen Anhaltspunkt gibt er uns, um zu zeigen, dass wir nach dem Tod existieren?

Er beginnt mit dem Argument, dass unsere Seelen unser Sterben überleben können, da sie nicht materiell sind und daher nicht wie Körper sterben können. Er schließt nicht aus, dass Gott sozusagen unsere Seelen nach unserem Tod wieder erschaffen könnte. Aber er denkt, dass das, was nicht materiell ist, nicht physisch erschöpft werden kann. So sagt er, dass unsere Seelen den Tod unseres Körpers überleben können. Er glaubt, dass sie als das überleben können, was er „getrennte Seelen" nennt.

Aber dann, so der Aquinate, bin ich nicht eine getrennte Seele. Für Thomas existiere ich nicht, auch wenn meine Seele nach meinem Tod

---

[60] St 1a75.2 Übersetzung *Deutsche Thomas-Ausgabe*, Band 6.

überlebt. Für ihn gibt es kein Ich ohne seinen Körper.[61] Er denkt, dass ich ein bestimmter *Mensch* bin und dass mein Sterben als Mensch daher meinem Sterben gleichkommt. Er denkt, dass ich, wenn ich sterbe, aufhöre zu existieren, auch wenn meine Seele weiterexistieren kann. Für Thomas ist meine Seele Teil eines Ganzen, das aus Körper und Seele besteht. Nimm den Körper weg, denkt er, und nur ein Teil von mir als Zusammensetzung von Seele und Körper bleibt übrig. Getrennt vom Körper, denkt er, fehlt es der menschlichen Seele an Fähigkeiten, die wesentlich zum Menschen gehören und daher kein Mensch sind.

Mit anderen Worten: Thomas von Aquin betrachtet uns nicht als intakt überlebende Menschen, nur weil unsere Seelen auch nach unserem Tod weiterexistieren. Auf der anderen Seite glaubt er, dass wir als Menschen wieder existieren werden, wenn es zur Auferstehung unseres Körpers kommt. Er behauptet nicht, philosophisch beweisen zu können, dass unsere Körper wiederauferstehen werden, damit unsere Seelen wieder mit ihnen vereint werden können. Stattdessen bezieht er Stellung zu der biblischen Lehre, dass die Toten auferweckt werden sollen (siehe 1. Korinther 15). Er ist zuversichtlich, dass die Toten auf der Grundlage dessen, was er als göttliche Offenbarung betrachtet, auferweckt werden. Dieses Thema behandelt Thomas ausführlich in SCG IV. 79–90.

Handlung und Glück

Während er auf seine Auffassung vom Menschen als verstehendem Wesen eingeht, betont Thomas von Aquin die Vorstellung, dass Menschen frei handeln können. Dass wir die Macht haben, frei zu handeln, ist seiner Meinung nach offensichtlich, weil wir manchmal zwischen Alternativen beratschlagen. Er schreibt:

> Es gibt Dinge, die ohne Urteil tätig sind; so bewegt sich der Stein abwärts; ähnlich ist es mit allem, was ohne Erkenntnis ist. – Andere sind tätig mit Urteil, jedoch nicht mit einem freien, so die Tiere. Das Schaf urteilt nämlich, wenn es den Wolf sieht, dass es ihn fliehen muss, mit einem natürlichen und nicht mit einem freien Urteil, weil es nicht aus Überlegung, sondern aus naturhaftem Innenantrieb so urteilt. [...] Der Mensch jedoch handelt mit Urteil; denn er urteilt durch die Erkenntniskraft, dass etwas zu fliehen oder zu erstreben ist. Weil aber dieses Urteil nicht aus einem naturhaften Innenantrieb in einem einzelnen Wirkbaren erfolgt,

[61] Vgl. Thomas von Aquins *Kommentar zum Korintherbrief* 15.

> sondern aus einem Vergleich der Vernunft, so handelt er mit dem freien Urteil und hat die Fähigkeit, sich auf Verschiedenes hinzuwenden. Denn der Vernunft steht hinsichtlich des Zufälligen der Weg zu Entgegengesetztem offen [...]. Das einzelne Wirkbare ist aber etwas Zufälliges; deshalb kann diesbezüglich das Urteil der Vernunft eine verschiedene Stellung einnehmen und ist nicht auf eines festgelegt. Und darum ist es notwendig, dass der Mensch freie Entscheidungen hat, eben weil er vernünftig ist.[62]

Hier sagt Thomas von Aquin, dass wir, konfrontiert mit möglichen Handlungsoptionen (im Gegensatz zu dem, über das wir keine Kontrolle haben), darüber nachdenken, wie wir am besten das bekommen, was wir wollen: Wir üben unsere Wahlfreiheit aus (*liberum arbitrium*). Wenn ich gewaltsam an eine Wand gefesselt bin, habe ich keine Möglichkeit, zu entscheiden, ob ich bleiben soll, wo ich bin, oder nicht. Aber was ist, wenn ich die Alternative habe, einen Bus, einen Zug oder ein Taxi zu einem bestimmten Ziel zu nehmen? Dann kann ich darüber nachdenken, so Thomas, welches Verkehrsmittel ich wählen soll, und die Entscheidung, die ich treffe, entspringt meiner Macht, frei zu wählen.

Doch warum wählen wir so, wie wir es tun, wenn wir die Wahlfreiheit ausüben? Thomas argumentiert, dass wir uns so entscheiden, weil wir das, wofür wir uns entscheiden, für gut halten. Er würde zum Beispiel annehmen, dass ich einen Zug zu einem bestimmten Ziel nehmen werde, wenn ich dort so schnell wie möglich ankommen will, und wenn ich der Meinung bin, dass mich ein Zug schneller zum Ziel bringen wird als ein Bus oder ein Taxi.

Kurz gesagt, Thomas denkt, dass wir frei handeln im Hinblick auf die Ziele, die wir im Sinn haben, die wir wollen oder zu denen wir uns hingezogen fühlen. Er stellt fest, dass wir manchmal unüberlegt handeln – wie wenn wir unser Kinn streicheln, ohne auch nur zu merken, dass wir dies tun (vgl. ST 1a2ae.1.1). Aber er denkt nicht, dass es sich bei solchen Verhaltensweisen um menschliche Handlungen (*actiones humanae*) handelt. Er nennt sie „Tätigkeiten eines Menschen" (*actiones hominis*). Damit es *echtes menschliches Handeln* gibt, so Thomas, muss es ein Ziel geben, das von jemandem bewusst angestrebt wird. In diesem Sinne, so hält er fest, ist alles echte menschliche Handeln auf ein Ziel gerichtet und entspringt unserem Verständnis und unseren Wünschen.

---

[62] ST 1a831. Übersetzung nach der Deutschen Thomas-Ausgabe, Band 6.

Aber was wünschen wir uns? Thomas denkt, dass wir nur das wünschen, was wir für gut halten (siehe Kapitel 4, S. 41). Oder, anders ausgedrückt, er denkt, dass wir immer auf das zielen, von dem wir glauben, dass es uns irgendwie glücklich machen kann.

Menschen sind manchmal bereit, ihr Leben für das Wohlergehen anderer zu opfern, so dass man sich fragen könnte, warum Thomas sich sicher sein kann, dass wir immer im Hinblick auf das, was uns glücklich macht, handeln. Wenn ich bereit bin, für einen anderen zu sterben, will ich dann nicht eher mein Sterben als mein Glück? Als Antwort auf diese Frage würde Thomas jedoch sagen, dass ich noch immer das will, was ich für gut halte, auch wenn ich nur glücklich sein kann, bevor ich sterbe. In diesem Zusammenhang ist der Leitgedanke von Thomas, dass wir nie das *anstreben*, was wir nicht *wollen*, auch wenn wir das, was wir anstreben, mit Einschränkungen wollen. Ich möchte vielleicht nicht tot sein, aber unter bestimmten Umständen bin ich bereit, um der Menschen willen zu sterben, die ich liebe.

Können wir jedoch in diesem Fall sagen, was *alle* Menschen glücklich macht? Bei der Betrachtung dieser Frage in Texten wie ST 1a2ae.1–4 stellt Thomas fest, dass Menschen ihr Glück in Reichtum, Ehre, Ruhm, Macht und körperlicher Freude finden. Dann aber argumentiert er, dass Dinge wie diese uns kein ultimatives und dauerhaftes Glück bringen können, da sie uns zum Beispiel manchmal schaden und da sie alle im Laufe der Zeit vergehen. Er schreibt:

> Es ist nicht möglich, dass die Menschen mit einem geschaffenen Gut zufrieden sind, denn sie können nur mit einem vollkommenen Gut zufrieden sein, das ihren Wunsch ganz und gar erfüllt: Sie hätten ihr letztes Ziel nicht erreicht, wenn es noch etwas zu wünschen gäbe. Das Objekt des Willens, also das menschliche Verlangen, ist das Gute ohne Vorbehalt, so wie das Objekt des Geistes das Wahre ohne Vorbehalt ist. Offensichtlich kann also nichts unseren menschlichen Willen befriedigen, außer ein solches Gut, das sich nicht in irgendetwas Geschaffenem, sondern nur in Gott findet. Alles, was geschaffen wurde, ist ein abgeleitetes Gut.[63]

Hier gibt Thomas zu bedenken, dass nichts anderes als die Vereinigung mit Gott das befriedigen kann, wonach wir uns sehnen, wenn wir nach

---

[63] ST 1a2ae.2.8. Eigene Übersetzung.

Glück streben. Und mit der „Vereinigung mit Gott" meint er, was er „die beseligende Schau" nennt, die er als Erkennen und Genießen dessen versteht, was Gott ist – etwas, das in diesem Leben nicht erreichbar ist, aber durch Gottes Gnade nach unserem Tod erreicht wird.[64]

Auf der anderen Seite denkt Thomas jedoch, dass wir mit Gewinn darüber nachdenken können, was wir in diesem Leben tun können, um Glück in begrenzter Form zu erlangen. Denn er glaubt, dass wir, auch ohne auf die göttliche Offenbarung zurückzugreifen, auf die Frage antworten können: „Was bedeutet es für einen Menschen, gut zu sein?"

Tugenden und Laster

Der Aquinate glaubt, dass gute Menschen auf das ausgerichtet sind, was ihr *wahres* Glück ausmacht. Er ist sich bewusst, dass die Menschen oft auf etwas abzielen, was nicht ein wahres Glück ist – dass sie sich manchmal fälschlicherweise etwas wünschen, was dem wahren Glück widerspricht. Er ist sich ebenso bewusst, dass gute Menschen gerade wegen ihres Strebens nach dem, was gut für sie ist, leiden müssen. Aber er glaubt immer noch, dass gute Menschen im Einklang mit dem handeln, was für sie wirklich wünschenswert ist, als die Art von Wesen, das sie sind.

Man könnte sagen, dass ein guter Mensch so handelt, dass es anderen Menschen zugutekommt. Thomas von Aquin würde hier zustimmen. Andererseits denkt er aber, dass der Satz „Maria ist gut" uns sagt, was Maria tatsächlich ist, während er von dem abstrahiert, was Maria *bewirken könnte*, vielleicht *unfreiwillig*. Nehmen wir an, dass Maria mir zu helfen versucht und dass dies, während sie es tut, unbeabsichtigt zu meinem Tod führt, wie es gelegentlich geschieht. Sollten wir dann zu dem Schluss kommen, dass Maria nicht gut ist? Wenn sie wirklich versucht hat, mir zu helfen, dann vermutlich nicht. So können wir unterscheiden zwischen einer Person, die gut ist, und einer Person, die es schafft oder versäumt, etwas anderes zu einem guten Zustand zu führen. Aus diesem Grund glaubt Thomas nicht, dass die Wahrheit oder Falschheit der Aussage „Maria ist gut" allein auf der Grundlage dessen, was aus ihren Handlungen hervorgeht, entschieden werden kann. Er nimmt nicht an, dass der Satz

[64] Zur beseligenden Gottesschau bei Thomas vgl. ST 1a.12.

„Maria ist gut" nur wegen der *Folgen* von Marias Handeln wahr oder falsch ist. Er denkt, dass Umstände, die außerhalb ihrer Kontrolle liegen, ihren Willen, Gutes zu tun, vereiteln können, so wie Umstände, die sich der Kontrolle bösartiger Menschen entziehen, ihren Willen vereiteln können, das zu tun, was wir für schlecht halten. Nach Thomas ist es wichtig, was Maria zu tun *versucht*, wenn sie versucht, das Gute zu tun.

Aber was versuchen gute Menschen zu tun? Bei der Beantwortung dieser Frage greift Thomas auf das ethische Denken von Aristoteles zurück, der dachte, dass gute Menschen auf der Grundlage von Tugenden handeln, die sie besitzen.

Einige Philosophen haben vorgeschlagen, dass jemanden als gut zu bezeichnen nichts anderes ausdrücke als eine persönliche Zustimmung zu einer Sache. Auf dieser Grundlage ist das Gute tatsächlich nicht anders als nur „im Auge des Betrachters" vorhanden, wie es von der Schönheit oft gesagt wird. Deshalb *beschreibt* gemäß dieser Auffassung der Satz „X ist gut" nicht wirklich X.

Aristoteles dachte jedoch, dass die Dinge entweder gut oder schlecht sind hinsichtlich der Art von Dingen, die sie sind. Also stellte er sich die Aufgabe, zu erklären, was es bedeutet, dass Menschen gut oder schlecht sind. Und am Ende sagte er, dass gute Menschen tugendhaft sind, während schlechte Menschen auf der Grundlage von Lastern handeln, die sie haben.

Mit dieser Schlussfolgerung steht Aristoteles zu seiner Auffassung, dass „gut" „wünschenswert" bedeutet (siehe Kapitel 4). Somit denkt er, dass alles Gute irgendwie wünschenswert ist. Aber „wünschenswert" sowie „gut", scheinen Adjektive zu sein, die wir einem Substantiv nur zuschreiben können aufgrund legitimer Erwartungen, die wir haben, die gerechtfertigt werden können aufgrund dessen, was das Substantiv bezeichnet (siehe auch Kapitel 4). Wenn wir das Gute als wünschenswert betrachten, verstehen wir „X ist gut" in dem Sinne, dass es bedeutet, dass X wünschenswert ist. Aber was meinen wir hier mit dem Symbol X? Und was bedeutet es, wenn X für einen bestimmten Menschen steht?

Als Antwort auf diese Fragen verläuft Aristoteles' Argumentationslinie wie folgt: Wenn X für einen bestimmten Menschen steht, dann ist X insofern gut, als er oder sie als Mensch betrachtet wird. Jemand könnte gut als Gärtner oder Koch, als Elternteil oder als Lehrer betrachtet werden. Aber könnte man jemanden einfach als *Menschen* für gut (oder schlecht) halten? Aristoteles ist der Meinung, dass die Antwort auf diese Frage „Ja" ist, denn er nimmt den Menschen, als ein bestimmtes Wesen, das in der Lage ist, sich zu entfalten oder nicht zu entfalten, einfach hinsichtlich seines Menschseins.

Aristoteles beschäftigt sich hier nicht mit dem, was Fred oder Maria in bestimmten Kontexten, in denen sie sich befinden könnten, entfalten lassen könnte, denn diese möglichen Kontexte sind vielfältig. Das soll nicht heißen, dass er an ihrer Entfaltung in den Kontexten, in denen sie sich befinden, nicht interessiert wäre. Er wäre zum Beispiel sehr besorgt darüber, womit Fred oder Mary es zu tun haben könnten, wenn sie als Geiseln von Terroristen festgehalten werden. Aber er glaubt nicht, dass das, was Fred und Maria *als Menschen* sind, genau das ist, was sie in den besonderen Kontexten sind, in denen sie sich befinden können. Er denkt, dass sie als gut oder schlecht betrachtet werden können, wenn es darum geht, ob sie Güter suchen, die Menschen im Allgemeinen brauchen, um in der Welt gut zu sein, Güter, die eine vernünftige Person unabhängig von den Umständen (Glück oder Unglück) anstreben könnte.

Und der Aquinate stimmt mit Aristoteles in all dem überein. Er ist der Ansicht, dass es Tendenzen zum Handeln und Handlungsweisen gibt, die Menschen im Allgemeinen brauchen, um als Menschen zu gedeihen. So sagt er, dass die Menschen die so genannten Kardinaltugenden der Klugheit, des Mutes, der Mäßigung und der Gerechtigkeit brauchen. Wir müssen klug sein, denkt er, um zu entscheiden, was für uns gut ist, wenn wir unter bestimmten Umständen Entscheidungen treffen. Mut ist notwendig, damit wir nicht vor dem zurückschrecken, was wir tun müssen, weil die Angst uns lähmt. Und wir brauchen Mäßigung oder Selbstbeherrschung in Bezug auf unsere körperlichen Triebe. Was die Gerechtigkeit betrifft, so versteht Thomas diese als Hilfe zum Wohle der Gesellschaft: Gerechte Menschen sind diejenigen, die in Harmonie miteinander zum Wohle ihrer selbst und der anderen leben.

Thomas von Aquin ist sich bewusst, dass das, was die Kardinaltugenden in der Praxis bedeuten, und die Frage, warum sie uns im Allgemeinen zugutekommen, ausführlich und mit Blick auf alle möglichen Situationen, in denen wir uns befinden könnten, ausgearbeitet werden muss. Er empfiehlt diese Tugenden also nicht, indem er versucht, eine hübsche und endgültige Liste der Dinge zu erstellen, die wir tun oder nicht tun sollten.[65] Er ist der Meinung, dass bestimmte Arten von Handlungen ohne Einschränkung schlecht sind. Aber am nächsten kommt er einer Definition von „Kardinaltugend“, indem er sagt, dass eine Kardinaltugend etwas ist, das wir aus Gründen der Notwendigkeit für die Entfaltung oder das Wohlergehen des Menschen erkennen können. Für Thomas bedeutet eine Kardinaltugend eine Disposition (*habitus*), gut zu handeln, auf der Grundlage eines starken Denkens, das auf dem Wissen darüber beruht, was wir als Menschen sind. Eine Tugend, sagt er, „ist eine gute Qualität des Geistes, mit der man rechtschaffen lebt und von der niemand einen schlechten Gebrauch machen kann“ (ST 1a2ae.55.4). Kurz gesagt, Thomas versteht die Kardinaltugenden als das, was alle Menschen brauchen, um glücklich zu sein, soweit sie durch ihre natürlichen Kräfte dazu in der Lage sind.

Thomas von Aquin über den Menschen im Lichte der Offenbarung

Das grundlegende Bild

Wie ich bereits sagte, hat Thomas von Aquin Dinge über die Menschen zu sagen, die über das hinausgehen, was er durch philosophische Argumentation, ohne Bezugnahme auf die göttliche Offenbarung, behauptet. Insbesondere ist er der Ansicht, dass einige von uns von Gott dazu hingeführt werden, das ultimative Glück der beseligenden Gottesschau zu genießen. Er glaubt nicht, dass wir dieses Glück für uns selbst erlangen können, indem wir danach streben, klug, mutig, gemäßigt und gerecht zu sein. Er ist

[65] Thomas von Aquins Ausarbeitung der Kardinaltugenden findet sich in ST 1a2ae.49–67; ST 2a2ae.47–62 und ST 2a2ae.123–170.

sich sicher, dass wir diese Kardinaltugenden in uns selbst entwickeln können, oder dass andere uns dazu ausbilden können. Aber er glaubt nicht, dass unsere menschlichen Fähigkeiten uns zu der beseligenden Gottesschau führen können. Um diese zu erreichen, sagt er, brauchen wir „theologische" Tugenden, die er manchmal als „eingegossen" bezeichnet.

Der Aquinate versteht theologische Tugenden als kardinale Tugenden, da er sie als Dispositionen betrachtet, auf verschiedene Weise zu wählen und zu handeln. Andererseits versteht er theologische Tugenden als solche, die uns von Gott gegeben sind, und nicht als etwas, was wir mit unseren menschlichen Kräften in uns selbst bewirken können. So spricht er davon, dass sie in uns aus Gnade entstehen, im Unterschied zur Natur. Thomas gibt zu bedenken, dass wir ziemlich ausführlich über die Kräfte und Fähigkeiten sprechen können, die Menschen bei ihrer Geburt haben. Aber er glaubt nicht, dass die Fähigkeit, zur beseligenden Gottesschau zu gelangen, eine Kraft ist, mit der Menschen geboren werden. Er sagt daher, dass jeder, der dies erreicht, von Gott durch theologische Tugenden, die von Gott gegeben werden, unterstützt werden muss.

Und was sind die theologischen Tugenden? Es sind: Glaube, Hoffnung und Liebe.

Glaube

Unter Glauben (*fides*) versteht Thomas von Aquin die „feste Zustimmung zu dem, was Gott in der Bibel und in der Lehre der Kirche offenbart hat". So versteht er jemanden mit der theologischen Tugend des Glaubens als einen solchen, der vorbehaltlos glaubt, dass Gott Vater, Sohn und Heiliger Geist ist (die Lehre der Dreifaltigkeit), dass Jesus Gott war und ist (die Lehre der Menschwerdung), und dass wir nach unserem Tod zum Leben erweckt werden (die Lehre von der Auferstehung der Toten).

In Hebräer 11,1 lesen wir: „Der Glaube ist der tragende Grund für das, was man hofft: Im Vertrauen zeigt sich jetzt schon, was man noch nicht sieht." Vor diesem Hintergrund unterscheidet Thomas zwischen Wissen und Glauben.

Er sagt, dass das Zum-Wissen-Gelangen immer natürlich erklärbar ist, entweder in Bezug auf unsere Fähigkeit, zu sehen, was wahr sein muss aufgrund der Logik, oder in Bezug auf unsere Interaktion mit den Dingen in der Welt. Sobald wir die Bedeutung von „Dreieck“ verstanden haben, können wir nicht anders, als sicher annehmen, dass jedes Dreieck drei Seiten hat. Oder sobald wir eine gründliche Untersuchung von Katzen durchgeführt haben, können wir nur zu dem Schluss kommen, dass Katzen Säugetiere sind.

Aber Thomas glaubt nicht, dass wir *nur* auf der Grundlage gesunden Denkens davon überzeugt sein können, dass Gott eine Dreieinigkeit von Personen ist oder dass Gott inkarniert wurde. Er bestreitet, dass irgendetwas in der Logik oder durch akkurate menschliche Beobachtung uns diese Überzeugung *aufzwingen* könne. Wenn wir den Glauben haben, sagt er, kann das nur deshalb sein, weil Gott es uns direkt implantiert oder „eingegossen“ hat.

Hoffnung

Mit Hoffnung (*spes*) meint Thomas das „Vertrauen, dass Gott uns zur Vereinigung mit ihm führt“. Das „Hauptobjekt der Hoffnung“, so Thomas, „ist die ewige Seligkeit“ (ST 2a2ae.17.2). Es ist Hoffnung auf das, was *nur* Gott bieten kann, und sie gründet sich auf das, was wir glauben, durch die theologische Tugend des Glaubens. Oder mit den Worten von Thomas:

> Der Glaube geht der Hoffnung voraus ... Das Objekt der Hoffnung ist die ewige Seligkeit, und [...] der göttliche Beistand, die uns beide durch den Glauben offenbart werden, wodurch wir wissen, dass wir zum ewigen Leben gelangen können und dass uns die göttliche Hilfe gerade zu diesem Zweck offensteht.[66]

Liebe

Thomas versteht die theologische Tugend der Nächstenliebe (*caritas*) nicht nur als das, was Menschen tun, die Geld für Bedürftige geben. Gewiss denkt er, dass wir Menschen in Not helfen *sollen*. Aber er zieht diese Schlussfolgerung aus einem Verständnis der Kardinaltugend der

[66] ST 2a2ae.17.7.

Gerechtigkeit (vgl. ST 2a2ae.57 und 58.11). Wenn es um die Liebe geht, hat er jedoch etwas Göttlicheres im Sinn als die menschliche Gerechtigkeit.

Er denkt, dass jemand mit Liebe Gott liebt und das, was Gott liebt, wie Gott es tut. Er sagt:

> Die Gottesliebe ist eine Art Freundschaft des Menschen mit Gott, gründend in der Mitteilung der ewigen Seligkeit. [...] Deshalb übersteigt auch die Gottesliebe alles Vermögen der Natur. Was aber das Vermögen der Natur übersteigt, kann weder auf naturhafte Weise noch durch naturhafte Fähigkeiten erworben sein [...]. Deshalb kann die Gottesliebe weder von Natur aus in uns sein, noch ist sie durch natürliche Kräfte erworben, sondern durch die Eingießung des Heiligen Geistes, der die Liebe von Vater und Sohn und dessen Teilnahme in uns die geschaffene Gottesliebe selbst ist.[67]

Bei der Entwicklung dieser Idee stützt sich Thomas auf Römer 5,5, wo der heilige Paulus erklärt, dass „Gottes Liebe [*caritas Dei* nach der Vulgata-Übersetzung] durch den Heiligen Geist, der uns gegeben wurde, in unsere Herzen gegossen wurde“. So sagt Thomas:

> Das, was Gott besser erreicht, ist umso wichtiger. [...] Glaube und Hoffnung nun erreichen Gott zwar, sofern uns von Ihm die Erkenntnis des Wahren bzw. die Erlangung des Guten kommt; die heilige Liebe aber erreicht Gott, um bei Ihm Selbst zu bleiben, *und nicht weil uns von Ihm etwas kommt*. Deshalb ist die Gottesliebe erhabener als Glaube und Hoffnung und folglich als alle anderen Tugenden.[68]

Und er fügt hinzu:

> Die Freundschaft der heiligen Liebe gründet in der Mitteilung der Seligkeit. In dieser Mitteilung gibt es eines, das wir als Quellgrund betrachten müssen, aus dem die Seligkeit [in uns] einströmt, nämlich Gott; das Zweite ist das, was unmittelbar an der Seligkeit selbst teilhat, das ist der Mensch und der Engel; das Dritte aber ist das, dem die Seligkeit durch ein gewisses Überquellen zugeleitet wird, nämlich der menschliche Leib. Das nun, was die Seligkeit einströmen lässt, ist deshalb zu lieben, weil es die Ursache der Seligkeit ist. Das aber, was an der Seligkeit [unmittelbar] teilhat, kann auf einen doppelten Grund hin Gegenstand der Liebe sein: entweder weil es mit uns eins ist; oder weil es mit uns zusammengeschlossen ist in der Teilhabe an der Seligkeit. Und danach werden zwei Dinge angenommen, die aus der heiligen Liebe zu lieben sind: sofern nämlich der Mensch einmal sich selbst und dann den Nächsten liebt.[69]

---

[67] ST 2a2ae.24.2. Übersetzung *Deutsche Thomas-Ausgabe*, Band 17A.
[68] ST 2a2ae,26.6 Übersetzung *Deutsche Thomas-Ausgabe*, Band 17A.
[69] ST 2a2ae.25.12 Übersetzung *Deutsche Thomas-Ausgabe*, Band 17A.

Thomas arbeitet seinen Ansatz bezüglich dessen, was er von den von Gott begnadeten Menschen annimmt, weiter aus, indem er davon spricht, dass es Gaben und Früchte des Heiligen Geistes gibt, die er aus rein biblischen Gründen allesamt als Geschenke Gottes an uns versteht, um uns bei der Vereinigung mit ihm zu helfen (siehe ST 1a2ae.68 und 70). Im Grunde genommen ist das, was Thomas über die Gaben und Früchte des Heiligen Geistes sagt, jedoch eine Ausarbeitung dessen, was er im Sinn hat, wenn er von Menschen spricht, denen die theologischen Tugenden des Glaubens, der Hoffnung und der Liebe gegeben sind.

Die christlichen Sakramente

Nach einer Diskussion über das Leben, den Tod und die Auferstehung Jesu sagt Thomas:

> Nach der Untersuchung über die Geheimnisse des fleischgewordenen WORTES sind die Sakramente zu behandeln, die vom fleischgewordenen WORTE selbst Wirksamkeit haben.[70]

Thomas denkt hier an die sieben Sakramente, die vom Zweiten Konzil von Basel (1431–5) und vom Konzil von Trient (1545–63) aufgeführt wurden.[71] Das sind:

1. die Taufe (durch die die Menschen in die Kirche aufgenommen werden, indem ihnen Wasser über das Haupt gegossen wird);
2. die Firmung (durch die Menschen mit Öl gesalbt werden, als Zeichen ihres Einsatzes für das Christentum);
3. die Buße (das Bekenntnis der Sünden bei einem Priester und der Empfang der Vergebung für das Bekenntnis im Namen der Kirche);
4. die Eucharistie (die Wiederholung des Abendmahls, das Jesus mit seinen Jüngern kurz vor seinem Tod hatte[72]);
5. die Krankensalbung (wenn jemand in Lebensgefahr ist);

[70] Prolog zu ST 3a.60 Übersetzung *Deutsche Thomas-Ausgabe*, Band 29.
[71] Zu Thomas' Zeiten hatte die Kirche nicht explizit erklärt, dass es nur sieben Sakramente gibt, aber es wurde gemeinhin angenommen, dass es genau sieben Sakramente gibt.
[72] Thomas versteht dieses Sakrament als die Vergegenwärtigung des Kreuzesopfers Christi [Anm. des Übersetzers].

6. die Priesterweihe (die Salbung berufener Personen für den Dienst der Kirche, insbesondere zur Spendung der Sakramente und zur Darbringung des Messopfers); und
7. die Ehe (die Feier einer formalen Verbindung zwischen einem Mann und einer Frau).

Thomas' Zugang zu den Sakramenten wird traditionell in seinem historischen Kontext betrachtet. Zum einen spricht er von den Sakramenten, die von Jesus eingesetzt wurden, als Wegen, auf denen wir konkret versuchen können, von seinem Erlösungswerk zu profitieren. Auch hier verdankt er seine Gedanken dem heiligen Augustinus, der lehrte, dass Sakramente physische Zeichen dafür sind, dass wir mit Gott eins sind.[73] Die Gedanke dabei ist, dass Sakramente uns wirklich Gottes Gnade geben, auch wenn ihre Feier physische Handlungen und die Verwendung bestimmter materieller Dinge beinhaltet. Thomas betrachtet die christlichen Sakramente nicht nur als Symbole. Er versteht sie als in Tätigkeiten bestehend, die uns tatsächlich Gott nahebringen, gerade weil wir uns mit ihnen beschäftigen. Oder wie er es sagt: „Darum ist das Sakrament sowohl ein erinnerndes Zeichen dessen, was vorhergegangen ist, nämlich das Leiden Christi, als auch ein hinweisendes dessen, was in uns durch Christi Leiden gewirkt wird, nämlich die Gnade; wie auch ein vorausdeutendes Zeichen, nämlich ein Voranzeigen der künftigen Herrlichkeit" (ST 3a.60.3). An einer Stelle schreibt er:

> Es entspricht aber der Natur des Menschen, dass er durch sinnenfällige Dinge zur Erkenntnis der übersinnlichen Dinge gelangt. Zeichen aber ist etwas, wodurch man zur Erkenntnis von etwas anderem kommt. Weil die durch Sakramente bezeichneten heiligen Dinge geistige und übersinnliche Güter sind, durch welche der Mensch geheiligt wird, ist die Folge, dass sich der Zeichendienst des Sakramentes durch sinnenfällige Dinge vollzieht.[74]

Thomas von Aquin behandelt alle Sakramente in SCG IV.56–78. Wie ich in Kapitel 1 bemerkt habe, begann er eine Abhandlung über die Sakramente in ST 3a.60, starb aber, bevor er sie beendete. Sowohl in der ST als auch in der SCG geht er sehr ausführlich auf die Notwendigkeit von Sakramenten ein sowie darauf, wie die Menschen sie feiern sollen. In Bezug auf die sakramentale Theologie ist Thomas jedoch vielleicht am bekanntesten für

---

[73] Vgl. *Gottesstaat* X.5 und *Die christliche Bildung / De Doctrina Christiana* 2.
[74] ST 3a.60.4 Übersetzung *Deutsche Thomas-Ausgabe*, Band 29.

das, was er über die Eucharistie sagt, die er als das größte der Sakramente betrachtet.[75]

Der Ruhm des hl. Thomas von Aquin zu diesem Thema resultiert aus der Tatsache, dass er systematisch die Ansicht erklärt und verteidigt, dass Jesus in der Eucharistie wirklich gegenwärtig ist und von den Gläubigen unter den Gestalten von Brot und Wein empfangen wird. Das Vierte Laterankonzil (1215) spricht von dem Brot und dem Wein, die bei der Feier der Eucharistie verwendet werden, als „transsubstantiiert" in Leib und Blut Jesu. Das Konzil von Trient wird das Gleiche im Jahre 1551 tun. Aber keines dieser Konzilien hat ausgearbeitet, was wir unter Transsubstantiation verstehen sollen. Thomas schrieb jedoch ausführlich darüber. Dabei nutzte er die Unterscheidung des Aristoteles zwischen Substanz und Akzidens und ging gleichzeitig weit über die Art und Weise hinaus, wie Aristoteles über diese Unterscheidung dachte. In seiner Behandlung der Eucharistie, wie in so vielem anderen, was er schreibt, greift Thomas auf Aristoteles zurück, um zu versuchen, den Glauben zu verstehen, an dem, als der Autorität der Bibel, die von Gott inspiriert ist, er festhält.

[75] Für die reifste Behandlung des Sakraments der Eucharistie bzw. des hl. Messopfers vgl. ST3a.73–83.

Teil 2

Das Vermächtnis

7

Von der Zeit Thomas von Aquins bis zum 21. Jahrhundert

Als Thomas von Aquin im Jahre 1274 in Fossanova starb, wurde er von Dominikanern wie Albert dem Großen bewundert. Doch schon bald darauf wurde er kritisiert. Nach seiner Heiligsprechung erlangte er in Kirchenkreisen in Europa und anderswo Anerkennung. Aber die ihm zugeschriebenen Ideen wurden von Theologen und Philosophen bis zum Konzil von Trient (1545–63) und noch später sowohl angegriffen als auch verteidigt.

Thomas von Aquin wird verurteilt

Die Menschen in der Umgebung von Fossanova begannen Thomas von Aquin gleich nach seinem Tod als einen Heiligen zu verehren.[1] Es wurde behauptet, dass durch seine Fürsprache Wunder geschahen. Und die Mönche, in deren Abtei er starb, verbrachten die Zeit bis 1369 damit, die Obhut über seine Überreste, die sie als heilige Reliquien ansahen, zu wahren.

Doch die mit Thomas von Aquin verbundenen Ideen wurden 1277 in Paris verurteilt. Ebenfalls 1277 wurden einige seiner Schlussfolgerungen von dem dominikanischen Erzbischof von Canterbury, Robert Kilwardby (1215–79), verurteilt. 1279 wurde diese Verurteilung von Kilwardbys Nachfolger als Erzbischof, John Pecham (1230–92), der zuvor in Paris unterrichtet und dort mit Thomas diskutiert hatte, bekräftigt.

Was hat zu dieser Kritik an Thomas geführt? Im Grunde genommen waren es die Sorgen um seine Überzeugung, dass Aristoteles ein Philosoph war, der für christliche Theologen nützlich sein kann, die Sorgen von

[1] Zu den Details vgl. Jean-Pierre Torrell: *Saint Thomas Aquinas. The Person and his Work*, Washington 1996 (Catholic University of America Press) pp. 296–298.

Menschen, die dachten, dass Augustinus und sein platonischer Ansatz der beste Wegweiser für Theologen und Philosophen sei.[2] 1215 hatte die Universität Paris Vorlesungen über die meisten Schriften des Aristoteles verboten, und dieses Verbot blieb bis etwa 1240 in Kraft. Bis 1245 wurde Aristoteles in Paris studiert und unterrichtet, und bis 1255 verlangte die Pariser Artistenfakultät von den Studenten, alle seine Werke zu lesen. Doch auch nach 1255 blieben einige Lehrer in Paris und anderswo skeptisch oder sogar feindlich gegenüber Aristoteles' Denken. Sie behaupteten, dass es im Widerspruch zum Christentum stehe. Diese Tatsachen scheinen weitgehend die Verurteilung von 1277 zu erklären, die von Étienne Tempier (gest. 1279) ausgesprochen wurde, einem ehemaligen Magister der Theologie, der 1277 Bischof von Paris war. Er verurteilte 219 Aussagen und drohte jedem , der behauptete, dass sie wahr seien, mit Exkommunikation (Kirchenbann).

Historiker haben Tempiers Motiv für die Verurteilung diskutiert und sich die Frage gestellt, wer es war, den er angriff. Die Verurteilung erwähnt keine Namen. Sie listet Sätze auf und erklärt sie für falsch. Dennoch haben wir Grund zu der Annahme, dass Thomas von Aquin eines der Ziele von Tempier war.[3] Viele nahmen die Verurteilungen damals durchaus in diesem Sinne wahr und verteidigten Thomas, so dass der damalige Pariser Bischof Stephen Bourret 1325 die Verurteilung von 1277 widerrief, da sie alles, was Thomas schrieb, zu kritisieren schien. So wurde Thomas von Aquin ab 1325 offiziell als orthodoxer und bedeutender christlicher Theologe angesehen. Angesichts seiner Heiligsprechung 1323 ist diese Tatsache nicht überraschend.

Vor 1325 war Thomas jedoch von anderen Menschen als Tempier, Kilwardby und Pecham angegriffen worden. Denn er wurde zur Zielscheibe der Franziskaner (Mitglieder eines von Franziskus von Assisi (1182–1226) gegründeten Ordens). Insbesondere der englische Theologe William de la Mare (1290), der sowohl in Paris als auch in Oxford lehrte, kritisierte Thomas von Aquin. Um 1279 veröffentlichte William sein *Correctorium Fratris Thomae* (Korrektur des Bruders Thomas). Diese Korrektur griff Thesen

[2] Ein anspruchsvollerer Ansatz dessen, was ich jetzt darzulegen versuche, findet sich in D.A. Callus: *The Condemnation of St Thomas in Oxford*, Oxford 1955 (Blackfriars Publications).
[3] Dies wurde von John Wippel in „Thomas Aquinas and the Condemnation of 1277" überzeugend dargelegt. Vgl. *The Modern Schoolman* 72, 1995.

an, von denen William behauptete, dass Thomas sie in der ST und anderswo verteidigt habe: Thesen, die widerspiegeln, was William als den schlechten Einfluss des Aristoteles ansah.

Williams *Correctorium* wurde offiziell von den Franziskanern angenommen, und 1282 ordneten die franziskanischen Behörden an, dass die ST nur für Brüder mit vernünftiger Intelligenz (*rationabiliter intelligentes*) und nur zusammen mit Williams Kommentaren dazu verfügbar sein sollte. Man könnte diese Richtlinie als ein hinterhältiges Kompliment an Thomas von Aquin betrachten, weil sie zu bedeuten scheint, dass nur kluge Köpfe ihn lesen sollten. Aber sie war wirklich dazu gedacht, ernsthaften Widerstand gegen Thomas' Theologie zum Ausdruck zu bringen, und eine Reihe von Dominikanern reagierten darauf, indem sie Thomas von Aquins Orthodoxie verteidigten und beklagten, dass sie die Kritik für einen Fehler Williams hielten, dass er Aristoteles und Thomas nicht richtig versteht.

William war jedoch nicht der bedeutendste unter den franziskanischen Kritikern von Thomas zwischen 1279 und 1350. Die besten unter ihnen waren Johannes Duns Scotus (um 1266–1308) und William von Ockham (um 1285–1349). Zusammen mit Thomas gelten diese Autoren heute als herausragende Denker des Mittelalters, obwohl beide einige Schlussfolgerungen ablehnten, die Thomas verteidigte.

Von 1279 bis 1323 sprachen sich jedoch prominente Persönlichkeiten des Dominikanerordens ernsthaft für Thomas als Philosophen und Theologen aus und ermutigten ihre Brüder, von ihm zu lernen. Die Kritiker Thomas von Aquins blieben in dieser Zeit lautstark, und einige von ihnen waren Dominikaner. Der bemerkenswerteste der dominikanischen Kritiker war Durandus von Saint Pourçain (gest. 1334). Er widersetzte sich Thomas in mehr als einem Kommentar zu Peter Lombards Sätzen, und 1314 wurde er von einer Kommission dominikanischer Theologen kritisiert. Aber wie James Weisheipl sagt: „Als Thomas 1323 heiliggesprochen wurde, hatten sich fast alle Dominikaner die Lehre des Thomas zu eigen gemacht und betrachteten sie als Privileg und Verpflichtung, sie zu studieren und zu verteidigen."[4]

[4] James Weisheipl: *Thomas von Aquin. Sein Leben und seine Theologie*, Wien, Köln 1996, Sonderausgabe (Verlag Styria), S. 316.

Heiligsprechung Thomas von Aquins

Der Prozess der Heiligsprechung Thomas von Aquins könnte von Papst Johannes XXII. in Gang gesetzt worden sein, der viele Kopien der Schriften des Aquinaten gelesen, bewundert und gekauft hatte. Andererseits hätte die Initiative von Mitgliedern der dominikanischen Provinz Sizilien ausgehen können, die 1294 gegründet wurde. Wie dem auch sei, Johannes XXII. stimmte der Heiligsprechung Thomas von Aquins nachdrücklich zu, und er predigte und leitete sie am 18. Juli 1323 in Avignon.

Die Person, die ernannt wurde, um Beweise zur Unterstützung des Beginns eines Prozesses der Untersuchung der Heiligsprechung von Thomas von Aquin zu präsentieren, war William von Tocco (ca. 1250 bis ca. 1325), ein Dominikaner, der eine der frühesten Biographien zu Thomas schrieb.[5] Der Papst schickte Material von William an eine Kommission von Nichtdominikanern, die empfahl, mit einer vollständigen Untersuchung der Heiligsprechung fortzufahren. Diese begann am 21. Juli 1319 und endete 1321 mit der Empfehlung, Thomas heiligzusprechen. Die Feierlichkeiten zu seiner Heiligsprechung dauerten mehrere Tage und wurden von bedeutenden Persönlichkeiten besucht: einem Papst, vielen Kardinälen, Erzbischöfen und Bischöfen, einem König und einer Königin (Robert von Neapel und seine Frau) sowie Vertretern aller Ordensgemeinschaften. Unmittelbar nach der Heiligsprechung erklärte Robert von Neapel, dass die Stadt Avignon einen öffentlichen Feiertag genießen solle.

[5] Eine englische Version davon findet sich in: The Life of Saint Thomas Aquinas: Biographical Documents, translated, edited and introduced by Kenelm Foster, London, Baltimore 1959 (Longmans, Green & Co; Halicon Press).

Von 1323 bis 1879

Schon vor seiner Heiligsprechung bezog sich der berühmteste italienische Dichter Dante Alighieri (um 1265–1321) in der *Göttlichen Komödie* auf Thomas von Aquin. Dante hielt Thomas für einen Heiligen und einen guten theologischen Führer, wie viele andere nach 1323. Ein Beispiel ist Johannes Capreolus (um 1380–1444), der einen vierbändigen Kommentar zur Verteidigung des Aquinaten schrieb. Dieser Text inspirierte andere Autoren, Kommentare zu Thomas zu schreiben, von denen viele heute noch existieren. Wie Christopher Upham bemerkt: „Dieser Kommentar [von Capreolus] ... ist zweifellos weit entfernt von dem Tiefpunkt, als Bischöfe die Schlussfolgerungen Thomas von Aquins verurteilten."[6] Dasselbe gilt für die Arbeit eines noch berühmteren Thomas-Kommentators: Thomas de Vio Cajetan (1469–1534). Er kommentierte die *ST, De Ente et Essentia* und die Dinge, die Thomas über das Reden von Gott sagt, wenn er Worte verwendet, die wir ohne Bezug zu Gott lernen.

Ende des vierzehnten Jahrhunderts war die ST ins Armenische, Griechische und Mittelhochdeutsche übersetzt worden. Ende des fünfzehnten Jahrhunderts und Anfang des sechzehnten Jahrhunderts gab es in ganz Europa Schriftsteller, die Thomas unterstützten. Hervorzuheben sind Francisco de Vitoria (1483–1546) und Bartolomé de Las Casas (1484–1566). Vitoria half mit, die ST und nicht die *Sentenzen* des Petrus Lombardus zum Standardtext für Theologiestudenten zu machen. Unter dem Einfluss Thomas von Aquins förderte er auch Auffassungen zu den Menschenrechten und zum gerechten Krieg, die immer noch weitgehend Beachtung finden. Las Casas, ebenfalls unter dem Einfluss von Thomas, schrieb leidenschaftliche Abhandlungen gegen die Misshandlung der Einheimischen durch spanische Eroberer in Südamerika.

Mit dem Beginn der protestantischen Reformation im 16. Jahrhundert lebten die Anhänger des Aquinaten jedoch meist nur in Ländern, die katholisch blieben. Diese Unterstützer haben jedoch viel getan, um auf die

[6] Christopher Upham: ‚The Influence of Aquinas', im 38. Kapitel von Brian Davies und Eleonore Stump: *The Oxford Handbook of Aquinas*, Oxford 2012 (Oxford University Press). Zitat auf S. 539.

Arbeit ihrer Vorgänger aufzubauen, so dass die römisch-katholische Kirche sich stark auf Thomas stützte, als sie versuchte, angesichts der Angriffe protestantischer Reformer auf sich selbst zu reflektieren. Diese Tatsache wird durch die Lehren des Konzils von Trient (1545–63) deutlich, von denen viele auf Argumente und Schlussfolgerungen von Thomas von Aquin zurückgreifen. Und während das Konzil von Trient tagte, wurde Thomas von Aquin als Lehrer akzeptiert, dessen Einfluss sich vom 16. Jahrhundert bis heute erstreckt.

Ich beziehe mich hier auf den heiligen Ignatius von Loyola (1491–1556), der die Gesellschaft Jesu gegründet hat, besser bekannt als die Jesuiten. In den frühen Verfassungen seines Ordens (1547–50) gab Ignatius die Anweisung, dass jesuitische Studenten Thomas lesen sollten. Seine Gesellschaft verbreitete sich auf der ganzen Welt, während sie ihr Engagement für Missionsarbeit und Erziehung fortsetzte, und eine Reihe von Jesuiten wurden berühmt für Schriften, die durch Texte des Aquinaten angeregt wurden. Besonders erwähnenswert sind Luis de Molina (1535–1600), Robert Bellarmin (1542–1621), Francisco Suárez (1548–1617), Gabriel Vásquez (1549-1604) und Bernard Lonergan (1904–84).

Historiker stellen zu Recht fest, dass der Einfluss Thomas von Aquins in Europa von etwa der Mitte des siebzehnten Jahrhunderts bis zum frühen neunzehnten Jahrhundert nachließ. Obwohl die vollständigen Werke Thomas von Aquins bis zur zweiten Hälfte des 18. Jahrhunderts acht Mal gedruckt wurden, wurden sie bis dahin nicht von vielen Menschen außerhalb des Dominikanerordens gelesen. Der Einfluss des Aquinaten versiegte in diesen Jahren zwar nie, wurde aber aus verschiedenen Gründen immer geringer.

Einerseits waren Gelehrte herangewachsen, die das aristotelische Denken in vielerlei Hinsicht als wünschenswert empfanden. Andererseits gab es Entwicklungen in der Wissenschaft, die viele zu der Annahme veranlasste, dass das von den meisten mittelalterlichen Denkern vertretene Weltbild abgelöst worden sei. Und Philosophen waren hervorgetreten, die Fragen, Schlussfolgerungen und Methoden der Philosophie vorlegten, die sich sehr von dem unterschieden, was wir in Thomas' Schriften und in denen von Denkern finden, die ihn bis zum frühen siebzehnten Jahrhundert verteidigten.

Wichtige Philosophen in diesem Zusammenhang sind Thomas Hobbes (1588–1679), René Descartes (1596–1650), John Locke (1632–1704), George Berkeley (1685–1753), David Hume (1711–76) und Immanuel Kant (1724–1804). Sie alle sind Menschen, über die viele zeitgenössische Denker geschrieben haben und die von vielen respektiert wurden. Und alle von ihnen verteidigen zu Recht oder zu Unrecht Positionen, mit denen Thomas von Aquin und die meisten seiner Zeitgenossen in keiner Weise einverstanden gewesen wären.

Aber auch nach den Schriften der eben genannten Philosophen hielt die Unterstützung für Thomas an. Sie ging weitgehend von Menschen aus, die sich mit Bildung und Erziehung beschäftigten, insbesondere von römisch-katholischen Seminaristen (Männer, die sich auf die Priesterweihe vorbereiten) und von Schülern an Schulen und Hochschulen, die unter der Schirmherrschaft der römisch-katholischen Kirche standen oder römisch-katholischen Ursprungs sind. Zwei wichtige Persönlichkeiten in diesem Zusammenhang sind Papst Leo XIII. (1810–1903) und Papst Pius X. (1835–1914).

In Bezug auf Thomas von Aquin ist Leo XIII. wegen seiner 1891 veröffentlichten Sozialenzyklika *Rerum Novarum* bedeutsam, die sich auf die Moraltheologie des Aquinaten stützt, um die Rechte armer Arbeiter zu verteidigen. Aber Leo XIII. ist in Bezug auf Thomas noch bedeutender wegen seiner 1879 veröffentlichten Enzyklika *Aeterni Patris*.[7]

Die Enzyklika beginnt mit der Feststellung, dass, „da der Verstand der Gläubigen Christi dazu neigt, getäuscht zu werden, und die Integrität des Glaubens unter den Menschen durch Philosophie und durch eitlen Betrug verdorben wird“, jemand „besonders darauf achten [muss], dass alle Studien mit dem katholischen Glauben übereinstimmen, insbesondere in der Philosophie, von der eine richtige Auslegung der anderen Wissenschaften weitgehend abhängt“. Leo XIII. stellt dann fest, dass, „wenn die Menschen bei klarem Verstand sind und auf wahren und soliden Prinzipien stehen, [...] es eine große Menge an Vorteilen für das öffentliche und private Wohl

[7] Der vollständige Text der Enzyklika *Aeterni Patris* findet sich im Internet unter https://www.stjosef.at/dokumente/aeterni_patris.htm

geben [wird]“, und er empfiehlt in dieser Hinsicht Thomas von Aquin als Quelle der Hilfe. Nachdem er den Respekt zur Kenntnis genommen hat, den Konzilien und Päpste Thomas von Aquin vor 1879 entgegengebracht haben, fährt er fort:

> Indem Wir daher erklären, dass Wir gern und dankbar aufnehmen, was immer Weises gesagt, was immer Nützliches von irgendjemand gefunden oder erdacht worden ist, ermahnen Wir dringend Euch alle, Ehrwürdige Brüder, zum Schutz und Schmuck der katholischen Lehre, zum Besten der Gesellschaft, zum Wachstum aller Wissenschaften die goldene Weisheit des heiligen Thomas wieder einzuführen und so weit als möglich zu verbreiten.

Es wurde vermutet, dass Leo XIII. wirksam versuchte, die *Philosophie* Thomas von Aquins heiligzusprechen. Aber er scheint sehr entschlossen gewesen zu sein, eine *Gesinnung* zu empfehlen, von der er annahm, dass sie von Thomas von Aquin in bemerkenswerter Weise vertreten wird: eine Gesinnung, die Glauben und Vernunft letztendlich als in Harmonie befindlich annimmt, wie es viele nicht taten, als Leo diesen Text schrieb, und wie es viele bis heute nicht tun.

Nach der Veröffentlichung von *Aeterni Patris* gründete Leo XIII. die Leoninische Kommission, die entsandt wurde, um kritische Ausgaben der Schriften des Aquinaten zu veröffentlichen. Viele Jahrhunderte lang wurden Thomas' Schriften von Hand kopiert, und es gibt Probleme, wenn es darum geht, was Thomas genau in seinen Werken gesagt hat, die ihm heute zugeschrieben werden. Deshalb brauchen wir Leute, die uns Ausgaben seiner Schriften präsentieren, die am besten dem entsprechen, was Thomas tatsächlich geschrieben hat. Diese Ausgaben werden als „kritische Ausgaben“ bezeichnet, und die Leoninische Kommission wurde gegründet, um solche Ausgaben von Thomas' Schriften zu produzieren – was diese Kommission bis heute immer noch tut.

Von 1879 bis 2016

Der Nachfolger von Leo XIII., Papst Pius X., unterstützte Thomas weiterhin in der gleichen Weise wie Leo XIII. In einem Text namens *Doctoris Angelici* (Engelgleicher Lehrer) von 1914 gab Pius X. die Anweisung, dass Theologielehrer in römisch-katholischen Institutionen die *Summa Theologiae* kommentieren sollten. Ebenfalls 1914 veröffentlichte die Heilige Studienkongregation (das „Erziehungsministerium“ der römisch-katholischen Kirche) 24 Thesen, die die Prinzipien und Hauptlehren des Aquinaten präsentieren.[8]

Es wurde gesagt, dass diese Thesen das Denken des Aquinaten nicht genau wiedergäben. Diese Ansicht ist jedoch falsch. Die Thesen bieten eine saubere und prägnante Darstellung von Ideen, die in Thomas' Schriften vorkommen. Auf der anderen Seite ist ihr Schwerpunkt rein philosophisch. Sie vermitteln nichts von dem, was Thomas im Lichte dessen sagt, was er als göttliche Offenbarung betrachtet. Und tatsächlich würden sie heute denjenigen, die nicht bereits mit den Schriften und dem philosophischen Vokabular von Thomas vertraut sind, wenig vermitteln. Aber sie waren natürlich für Studenten gedacht, die von Professoren über Thomas unterrichtet wurden.

Die Zeit von Leo XIII. und Pius X. war eine Zeit, in der viele in der römisch-katholischen Kirche befürchteten, dass ihre grundlegenden Lehren auf verschiedenen Ebenen untergraben oder geleugnet würden. Es war also eine Zeit, in der eine Unterstützung des Aquinaten reaktionär, defensiv und voller Befehle und Warnungen war, die darauf hindeuteten, dass Thomas als eine enorm wichtige Autorität angesehen werden musste, insbesondere, wenn es um die Philosophie ging („Philosophie per Dekret“ sozusagen). Es war keine Zeit, in der es ein sorgfältiges Studium der gesamten Schriften Thomas von Aquins gab, mit Liebe zum Detail und unter ernsthafter Berücksichtigung der Entwicklung seines Denkens, wie es sie sicherlich gab.[9]

Seit 1914 versuchen römisch-katholische und nichtkatholische Autoren zu erklären, was Thomas sagte und warum vieles davon sowohl für Philosophen als auch für Theologen von intellektuellem Wert ist. Die Dokumente des Zweiten Vatikanischen Konzils (1962–1965) haben sich von der von Thomas verwendeten Fachsprache entfernt, und ihr Tonfall unterscheidet sich stark von dem, was Leo XIII. und Pius X. geschrieben haben.

---

[8] Der deutsche Text der 24 Thesen findet sich im Internet: http://kathpedia.com/index.php?title=Postquam_sanctissimus_(Wortlaut)

[9] Zur Entwicklung des Denkens Thomas von Aquins vgl. Giorgio Pini: ‚The Development of Aquinas's Thought', in *Oxford Handbook of Aquinas*.

Aber der Einfluss von Thomas von Aquin auf das Zweite Vatikanische Konzil scheint unbestreitbar. Das Konzil unterstützt nicht mehr ausdrücklich seine philosophischen Argumente, aber es betrachtet den Aquinaten als einen außergewöhnlichen theologischen Lehrer.

Viele römisch-katholische Theologen haben sich allerdings seit dem Zweiten Vatikanischen Konzil von Thomas entfernt. Andere jedoch haben dies nicht getan, und Thomas wird im Katechismus der Katholischen Kirche (KKK) von 1994 häufiger zitiert als jeder andere Autor, mit Ausnahme des hl. Augustinus. Auch von den Päpsten wird Thomas seit dem Ende des II. Vatikanischen Konzils häufig gelobt.

1974 schrieb Papst Paul VI. einen Brief an den General der Dominikaner, in dem er Thomas als „ein Licht für die Kirche und für die ganze Welt" bezeichnete. Er fuhr fort, dass Thomas „nicht nur als höchstes Genie und Lehrer der Vergangenheit, sondern auch wegen der fortdauernden Relevanz seiner Prinzipien, Lehren und Methoden zu verehren ist".[10]

1980 lobte auch Papst Johannes Paul II. *Aeterni Patris* und pries Thomas von Aquin für die Art und Weise, wie dieser versucht, Glauben und Vernunft zu vereinen. Johannes Paul II. fuhr mit der Beobachtung fort:

> Das Zweite Vatikanische Konzil, das mit seinem Dekret über die Priesterausbildung und den katholischen Unterricht nach dem Vorbild des hl. Thomas [...] einen neuen Ansporn und ein Zeichen für ein erneuertes Leben und für reichlichere Früchte in naher Zukunft zum Wohle der Kirche gegeben hat.[11]

Hier ist es natürlich ein Papst des zwanzigsten Jahrhunderts, der den Respekt vor Thomas von Aquin zum Ausdruck bringt. Aber wie haben Christen des 20. Jahrhunderts, die keine römischen Katholiken sind, ihn geschätzt? Die Antwort ist: Einige sehr, andere nicht so sehr und wieder andere mit gemischten Gefühlen.

Während der Reformation wurde Thomas von einer Reihe von Protestanten angegriffen. Martin Luther (1483–1546) lehnte ihn entschieden ab. Er sagte einmal, dass Thomas weder seine Philosophie noch seine Logik zu

---

[10] Papst Paul VI. *Lumen Ecclesia*, online in deutscher Sprache nicht verfügbar.
[11] Johannes Paul II.: *Ansprache an den Achten Internationalen Thomisten-Kongress.*

kennen scheine und dass er einen großen Fehler gemacht habe, als er sich auf die Werke von Aristoteles berief. Aber viele protestantische Denker des 19. und 20. Jahrhunderts haben mit unterschiedlichen Vorbehalten eine Zustimmung zu bestimmten Aspekten der Lehren des Aquinaten ausgesprochen.

So wurde er beispielsweise von dem anglikanischen Theologen E. L. Mascall (1905–93) sehr geschätzt. Mascall lehrte an der Oxford University und am King's College, London, und veröffentlichte eine Reihe von Büchern, in denen Thomas von Aquin als Held auftritt. In jüngerer Zeit hat Rowan Williams (ehemals Erzbischof von Canterbury) positiv über Thomas geschrieben.[12] Andererseits hat Thomas von Aquin jedoch negative Kritiken unter Protestanten in der reformierten Tradition erhalten, wie sie von Autoren wie Karl Barth (1886–1968) und Colin Gunton (1941–2003) vertreten wird. Diese Autoren greifen Thomas im Allgemeinen für den Gebrauch der Philosophie im Dienste der Theologie an.

Von östlich-orthodoxen Christen wurde Thomas von Aquin als ein theologischer Bösewicht betrachtet, aber einige von ihnen haben seit dem Zweiten Vatikanischen Konzil positiv über ihn gesprochen. Ein prominentes Beispiel ist Marcus Plested. In seinem Buch *Orthodox Readings of Aquinas* stellt er fest, wie Theologen, die von orthodoxen Christen verehrt werden, Thomas zu Dank verpflichtet sind. Dann erklärt er, wie orthodoxe Theologen Thomas zustimmend in Anspruch genommen haben. Und er vertritt die Ansicht, dass orthodoxe Theologen und diejenigen, die heute in religiöser Gemeinschaft mit ihnen leben, Thomas mit Gewinn lesen können.[13]

Aber wie haben gegenwärtige Philosophen, ob Christen oder nicht, in den letzten fünfzig Jahren auf Thomas von Aquin reagiert? Die Antwort fällt unterschiedlich aus.

[12] Vgl. Rowan Williams: ‚What Does Love Know? St. Thomas on the Trinity', *New Blackfriars*, 82, 2001.
[13] Marcus Plested: *Orthodox Readings of Aquinas*, Oxford 2012 (OUP).

Einige von ihnen haben Thomas wegen seiner religiösen Überzeugungen, die er verteidigt, kritisiert. Auf einer Liste solcher Philosophen könnten Antony Flew (1923–2010) und Shadia B. Drury[14] zu finden sein.

Einige säkulare Philosophen haben Thomas als einen großen Denker angesehen, der in einigen Fragen recht gehabt habe, in anderen hingegen nicht. Ein gutes Beispiel dafür ist Anthony Kenny. 1969 schrieb er ein Buch, das fast ausschließlich negativ über einen der berühmtesten Texte von Thomas handelt.[15] Aber in einem anderen Werk von 1969 konnte Kenny sagen:

> Thomas von Aquin ist, glaube ich, einer der zehn größten Philosophen der westlichen Welt. Seine Naturphilosophie ist aufgrund des schnellen Fortschritts der Naturwissenschaften seit der Renaissance zum großen Teil veraltet. Seine Philosophie der Logik wurde in den letzten hundert Jahren in vielerlei Hinsicht durch die Arbeit von Logikern und Mathematikern verbessert. Aber seine Metaphysik, seine philosophische Theologie, seine Philosophie des Geistes und seine Moralphilosophie berechtigen ihn, in einer Reihe mit Platon und Aristoteles, mit Descartes und Leibniz, mit Locke, Hume und Kant zu stehen.[16]

Und andere Philosophen haben in jüngerer Zeit über Thomas in ernsthafter, anerkennender Weise geschrieben, wobei sie versuchen, ihn zum Nutzen ihrer philosophischen Kollegen und anderer verständlich zu machen. Zu den Persönlichkeiten, die in diesem Zusammenhang erwähnt werden sollten, gehören Edward Feser, Norman Kretzmann (1928–98), Ralph McInerny (1929–2010), Eleonore Stump, Denys Turner und John F. Wippel.[17]

---

[14] Vgl. Antony Flew: God and Philosophy, London 1966 (Hutchinson) und Shadia B. Drury: Aquinas and Modernity, Lanham 2008 (Rowman & Littlefield).

[15] Anthony Kenny: The Five Ways, London 1969 (Routledge & Kegan).

[16] Anthony Kenny (ed.): Aquinas: A Collection of Critical Essays, Garden City, New York 1969 (Doubleday & Company).

[17] Vgl. (1) Edward Feser: *Aquinas*, London 2009 (Oneworld); (2) Norman Kretzmann: *The Metaphysics of Theism* (Clarendon Press: Oxford, 1997), (3) Norman Kretzmann: *The Metaphysics of Creation* (Clarendon Press: Oxford, 1999), (4) Ralph McInerny: *Aquinas* (Polity Press: Oxford, 2004), (5) Eleonore Stump: *Aquinas* (Routledge: London and New York, 2003), (6) Denys Turner: *Thomas Aquinas: A Portrait* (Yale University Press: New Haven, CT and London, 2013) und (7) John F. Wippel: *The Metaphysical Thought of Thomas Aquinas* (Catholic University of America Press: Washington, DC, 2000).

Bei all dem, was gesagt wurde, ist es jedoch schwierig, die Thomas-Rezeption unter den Philosophen der letzten fünfzig Jahren zu verallgemeinern. Ein Problem ist hier die Stille. Viele zeitgenössische Philosophen schreiben, ohne Thomas überhaupt zu erwähnen. Was kann man daraus schließen? Das ist schwer zu sagen. Es deutet darauf hin, dass viele zeitgenössische Philosophen nicht von den Schriften Thomas von Aquins inspiriert sind. Aber liegt das daran, dass sie sie gelesen und abgelehnt haben? Oder liegt es daran, dass sie sie einfach nicht gelesen haben?

Mein Eindruck ist, dass viele zeitgenössische Philosophen Thomas einfach nicht gelesen haben. Die mittelalterliche Philosophie wird heute nicht mehr so sehr in philosophischen Fakultäten an britischen und amerikanischen Universitäten studiert. Sie wird an amerikanischen Universitäten und Colleges unterrichtet, die auf religiösen Prinzipien basieren. Aber ihre Zahl ist nicht vergleichbar mit der von staatlichen und privaten Universitäten ohne religiöse Grundlage.

Während ich jedoch schreibe, erscheinen immer wieder Bücher und Artikel über die Philosophie Thomas von Aquins. Und Thomas ist nach wie vor jemand, auf den viele zeitgenössische Theologen aus verschiedenen kirchlichen Traditionen zurückgreifen. Buchverlage lieben ihn. Bücher über ihn verkaufen sich gut. So übt Thomas in unseren Tagen weiterhin einen Einfluss aus, wie man schon anhand einer Websuche nach seinem Namen erkennen kann.

8

Heute über Thomas von Aquin nachdenken

Thomas von Aquin schrieb mehr als acht Millionen Wörter, und seine Leser waren Legion. Er ist der bedeutendste Theologe und Philosoph des Mittelalters, und er ist noch immer weit verbreitet. Aber verdient er die Aufmerksamkeit, die er erhalten hat? Sollten wir nicht annehmen, dass er uns wenig zu lehren hat, da er vor dem Aufkommen der modernen Wissenschaft geschrieben hat? Sollten wir nicht davon ausgehen, dass seine Philosophie und Theologie durch Autoren ersetzt wurde, die seit seinem Tod schreiben? Könnte es nicht sein, dass Thomas von kaum mehr als einem antiquarischen Interesse ist? Sollte man nicht vernünftigerweise misstrauisch gegenüber Thomas sein, der so von römisch-katholischen Kreisen in den Himmel gelobt wurde? Sollte er nicht am besten als Sprecher einer religiösen Partei unter vielen anderen verstanden werden?

Thomas von Aquin und die Wissenschaft

Es besteht kein Zweifel daran, dass vieles, was in den Schriften Thomas von Aquins über die Wissenschaft gesagt wird, heute als falsch gilt. Zum einen zeigen diese Schriften einen Blick auf die Welt, für den sich die Erde im Zentrum des Universums und der Sonne, die sich um sie dreht, befindet. Zudem ist Thomas der Ansicht, dass alle Menschen von Adam und Eva abstammen, wie es im Alten Testament dargestellt sind, während Wissenschaftler heute hinsichtlich der menschlichen Ursprünge eine evolutionäre Darstellung verteidigen, wie sie mit Charles Darwin (1809–82) verbunden wird.

Dennoch kann man sich schwerlich vorstellen, dass ein Denker, der nicht mit der Wissenschaft des 21. Jahrhunderts in Einklang steht, von geringem Wert sei. Wenn das wahr wäre, könnten wir nichts von Menschen wie Platon oder Aristoteles oder Dante oder Shakespeare (1564–1616) lernen, die alle Ideen vertraten, die weit vor dem siebzehnten Jahrhundert entstanden sind und vor den wissenschaftlichen Entwicklungen in der Zeit danach. Deshalb sollten wir fragen, ob Thomas etwas Wertvolles zu sagen hat, unabhängig davon, was er über die Kosmologie und die Entstehung des Menschen denkt. Kurz gesagt, wir müssen seine Philosophie und Theologie als Ganzes betrachten.

Thomas von Aquin und der christliche Glaube

Einige haben vorgeschlagen, dass Thomas von Aquin wegen seines Engagements für das Christentum verworfen werden sollte. Ein bemerkenswertes Beispiel dafür ist Bertrand Russell (1872–1970), einer der berühmtesten britischen Philosophen des 20. Jahrhunderts. Er ist kritisch gegenüber Thomas, da er sein Denken eher von religiösen Überzeugungen als von philosophischen Anliegen bestimmt sieht. Russell akzeptiert, dass Thomas von Aquin gut in Aristoteles eingelesen war. Er sagt auch: „Selbst wenn jede seiner Lehren falsch wäre, würde die *Summa* [*Contra Gentiles*] ein imposantes intellektuelles Gebäude bleiben.“[18] Doch, so erklärt Russell, „Thomas' Appell an die Vernunft ist in gewisser Weise unaufrichtig, da die zu erreichende Schlussfolgerung im Voraus festgelegt ist“. Er fährt fort:

> Es gibt wenig von einem wahren philosophischen Geist bei Thomas von Aquin. Er folgt dem Argument nicht überall dorthin, wohin es führt, wie dies der platonische Sokrates tut. Er beteiligt sich nicht an einer Untersuchung, deren Ergebnis unmöglich im Voraus bekannt sein kann. Bevor er zu philosophieren beginnt, kennt er bereits die Wahrheit, die im katholischen Glauben erklärt wird. Wenn er für einige Teile des Glaubens scheinbar rationale Argumente finden kann, umso besser; wenn er es nicht kann, braucht er nur auf die Offenbarung zurückzugreifen. Das Finden von Argumenten für eine im Voraus gegebene Schlussfolgerung ist keine Philosophie, sondern eine besondere Verteidigung.[19]

Diese Kritik ist jedoch fragwürdig, da sie davon ausgeht, dass es unvernünftig sei, nach Argumenten zu suchen, die das unterstützen, was man

---

[18] Bertrand Russell: *Philosophie des Abendlandes*, Köln 2012 (Anaconda).
[19] Ibid.

schon am Anfang glaubt. Dass dies nicht unvernünftig ist, zeigt Russell selbst, denn in der *Principia Mathematica* (2. Auflage 1927) verwendet er Hunderte von Seiten darauf, zu beweisen, dass 1 + 1 = 2 ist, woran er zweifellos immer geglaubt hat. Auch Descartes argumentiert bekanntlich, dass es eine materielle Welt gibt und dass es bestimmte Dinge gibt, von denen wir wissen können, dass sie wahr sind. Bevor er jedoch mit diesem Projekt begann, glaubte Descartes bereits an die Existenz einer materiellen Welt und an die Tatsache, dass wir etwas wissen und nicht immer nur unter Illusionen leiden. In den Schriften der Philosophen geht es nicht darum, wie die fraglichen Philosophen zuerst zu ihren Schlussfolgerungen gekommen sind, sondern darum, ob sie auf überzeugende Weise für die Schlussfolgerungen argumentieren oder nicht. Und wer Thomas ernsthaft liest, wird feststellen, dass seine Schriften voller sorgfältiger und überzeugender Argumente sind. Deshalb setzen sich Philosophen weiterhin mit ihm auseinander, auch wenn einige von ihnen schließlich auf verschiedene Weise nicht mit ihm übereinstimmen.

Es ist jedoch richtig zu sagen, dass Thomas von Aquin den Glauben nimmt, um philosophische Argumente zu übertrumpfen. Er geht immer davon aus, dass das, was er die „Glaubensartikel" nennt, wahr ist und dass Einwände gegen sie irgendwie irreführend sind. Wie wir gesehen haben, ist er der Ansicht, dass es philosophische Gründe dafür gibt, dass Gott existiert. Ebenso habe ich erklärt, dass er die Lehren der Dreifaltigkeit und der Menschwerdung für unbeweisbar hält, und dass diese nur auf der Grundlage des Glaubens festgehalten werden können, im Gegensatz zum Wissen oder einem Beweis. Sollte man Thomas also nicht allein aus diesem Grund verurteilen?

Dass wir dies nicht tun sollen, sollte aus einer Reihe von Überlegungen heraus offensichtlich sein. Zum einen muss jedes angeblich rationale Argument von Prämissen ausgehen, die von Anfang an angenommen werden. Wenn das nicht der Fall wäre, könnte rationales Argumentieren überhaupt nicht anfangen. Ich kann argumentieren, dass, wenn P wahr ist und Q wahr ist, auch R wahr ist. Aber was ist, wenn jemand sagt: „Beweise zuerst, dass P und Q wahr sind"? In diesem Fall könnte ich versuchen zu beweisen, dass P und Q wahr sind, weil X und Y oder was auch immer wahr ist. Aber wir können keinen Beweis für die Prämissen für immer verlangen. Sofern nicht eine bestimmte Prämisse oder bestimmte

Prämissen als gegeben angesehen werden, ist eine Argumentation nicht möglich. Es gibt also nichts intrinsisch Verdächtiges an der Tatsache, dass Thomas der Meinung ist, dass wir damit beginnen können, nur einige Dinge zu glauben, ohne diese demonstrieren zu können.

Nochmals, was Thomas von Aquin mit Glauben meint, was er einfach als Glaube betrachtet, dessen Wahrheit wir nicht beweisen können, ist etwas, was wir alle haben und was wir für uns selbst für vernünftig halten. Es ist offensichtlich, dass nicht jeder an das glaubt, was Thomas als die Artikel des christlichen Glaubens verstanden hat: dass Gott drei in einem ist; dass Christus göttlich war und ist; und dass die Toten auferstehen werden. Andererseits finden wir alle es durchaus vernünftig, bestimmten Dingen zu glauben, obwohl wir nicht in der Lage sind, zu beweisen, dass das, was wir glauben, wahr ist.

Nehmen wir an, wir treffen uns auf einer Party. Ich sage: „Hallo, ich bin Brian." Wäre es für Sie unvernünftig, mir zu glauben? Sie haben vielleicht einen guten Grund anzunehmen, dass ich ein geborener Lügner sei, und Sie hätten damit das Recht, nicht zu glauben, was ich Ihnen sage. Im Allgemeinen ist es jedoch nicht unvernünftig, zu glauben, was die Leute Ihnen sagen, auch wenn es sich schließlich als richtig erweisen sollte, dass die Leute etwas Falsches gesagt haben. Und vieles, was wir als Wissen betrachten, beruht auf dem Glauben, den wir haben, weil uns Menschen gesagt haben, dass dies, das oder jenes der Fall ist. An dieser Schlussfolgerung führt kein Weg vorbei. So bemerkte die britische Philosophin Elizabeth Anscombe (1919–2001) einst:

> Auch ist es nicht so, dass das Zeugnis uns einen ablösbaren Teil gibt, wie einen dicken Fettrand an einem Stück Steak. Es ist mehr wie die Flecken und Streifen von Fett, die sich oft durch gutes Fleisch verteilt finden, obwohl es auch Klumpen von reinem Fett gibt. Beispiele dafür können unbegrenzt multipliziert werden. Sie haben einen Brief erhalten; was haben Sie gelernt, was ein Brief ist und wie er zu Ihnen kommt? Sie schlagen ein Buch auf und schauen an einem bestimmten Ort nach und sehen „New York, Dodd Mead and Company, 1910". Wissen Sie also aus persönlicher Beobachtung, dass dieses Buch von dieser Firma und in New York veröffentlicht wurde? Nun, wohl kaum. Aber Sie wissen, dass es vorgibt, dass dies der Fall ist. Wie? Nun, Sie wissen, dass dort immer der Name des Verlegers steht und der Name des Ortes, an dem sein Büro ist. Woher wissen Sie das? Man hat es Ihnen beigebracht ... Sie denken vielleicht, dass Sie wissen, dass New York in Nordamerika liegt. Was ist New York? Was ist Nordamerika? Man kann sagen, dass man an diesen Orten war. Aber wie viel trägt diese Tatsache zu Ihrem Wissen

bei? Nichts, im Vergleich zur Aussage. Woher wissen Sie, dass Sie da waren? Selbst wenn man New York bewohnt und seinen Namen einfach als Namen für den Ort, den man bewohnt, gelernt hat, stellt sich die Frage: Wie groß ist der Bereich dieses Ortes, den Sie New York nennen? Und was hat New York mit dieser kleinen Landkarte zu tun? Hier ist ein kompliziertes Netzwerk von erhaltenen Informationen.[20]

Hier sagt Anscombe natürlich nicht, dass wir alles glauben sollen, was jemand sagen könnte. Sie erinnert uns daran, dass Glaube oder religiöser Glaube primär gegenüber dem Wissen ist. Sie unterstützt, was Wittgenstein in seinem letzten Werk *On Certainty* (Über Gewissheit) sagt. An einem Punkt in diesem Werk schreibt er:

160. Das Kind lernt, indem es dem Erwachsenen glaubt. Der Zweifel kommt nach dem Glauben.
161. Ich habe eine Unmenge gelernt und es auf die Autorität von Menschen angenommen, und dann manches durch eigene Erfahrung bestätigt oder entkräftet gefunden.
162. Was in Lehrbüchern, der Geographie z. B., steht, halte ich im Allgemeinen für wahr. Warum? Ich sage: Alle diese Fakten sind hundertmal bestätigt worden. Aber wie weiß ich das? Was ist meine Evidenz dafür? Ich habe ein Weltbild. Ist es wahr oder falsch? Es ist vor allem das Substrat alles meines Forschens und Behauptens. Die Sätze, die es beschreiben, unterliegen nicht alle gleichermaßen der Prüfung.
163. Prüft jemand je, ob dieser Tisch hier stehenbleibt, wenn niemand auf ihn achtgibt? Wir prüfen die Geschichte Napoleons, aber nicht, ob alle Berichte über ihn auf Sinnestrug, Schwindel u. dergl. beruhen. Ja, wenn wir überhaupt prüfen, setzen wir damit schon etwas voraus, was nicht geprüft wird. Soll ich nun sagen, das Experiment, das ich etwa zur Prüfung eines Satzes mache, setze die Wahrheit des Satzes voraus, dass hier wirklich der Apparat steht, welchen ich zu sehen glaube (u. dergl.)?
164. Hat das Prüfen nicht ein Ende?
165. Ein Kind könnte zu einem andern sagen: „Ich weiß, dass die Erde schon viele hundert Jahre alt ist", und das hieße: Ich habe es gelernt.
166. Die Schwierigkeit ist, die Grundlosigkeit unseres Glaubens einzusehen.
167. Dass unsre Erfahrungsaussagen nicht alle gleichen Status haben, ist klar, da man so einen Satz festlegen und ihn vom Erfahrungssatz zu einer Norm der Beschreibung machen kann. Denk an chemische Untersuchungen. Lavoisier macht Experimente mit Stoffen in seinem Laboratorium und schließt nun, dass bei der Verbrennung dies und jenes geschehe. Er sagt nicht, dass es ja ein andermal anders zugehen könne. Er ergreift ein bestimmtes Weltbild, ja, er hat es natürlich nicht erfunden, sondern als Kind gelernt. Ich sage Weltbild und nicht Hypothese, weil es die selbstverständliche Grundlage seiner Forschung ist und als solche auch nicht ausgesprochen wird.[21]

---

[20] G.E.M. Anscombe: 'What it is to Believe Someone?' in C.F. Delany (ed.): *Rationality and Religious Belief*, Notre Dame & London 1979 (University of Notre Dame Press), p. 143.
[21] Ludwig Wittgenstein: *Über Gewissheit*, Frankfurt a. M. 1970 (Bibliothek Suhrkamp) §§ 160–167.

In diesem Abschnitt rät uns Wittgenstein auch nicht, alles zu glauben, was uns jemand sagt, wie zuvor Anscombe. Aber er macht darauf aufmerksam, dass vieles, was wir Wissen nennen, auf Glauben oder auf religiösem Glauben beruht, wie wir ihn gelernt haben. Und das ist eine Tatsache, die Thomas zu schätzen wusste. So hält er es nicht für offensichtlich unvernünftig, an die Glaubensartikel zu glauben, wie sie uns gelehrt wurden.

Warum denkt er das? Weil er die Glaubensartikel in dem Sinne versteht, dass sie uns von Christus selbst gelehrt worden sind, den er als inkarnierten Gott betrachtet. Thomas von Aquin betrachtet die Glaubensartikel nicht als eine Reihe von philosophisch seriösen Schlussfolgerungen. Er betrachtet sie als Wahrheiten, für die selbst die besten Philosophen keine Erklärung finden können. Aber er glaubt, dass sie als Lehren Jesu an ihn weitergegeben wurden. Für Thomas ist es dies, worauf die Glaubensartikel gegründet sind. Er ist überzeugt, dass nur Gott uns von solchen Geheimnissen wie denen der Trinität und der Menschwerdung erzählen kann. Dann, sagt er, hat Gott dies tatsächlich in der Lehre Jesu getan. So ruht der Glaube von Thomas an die Glaubensartikel für ihn darin, an den zu glauben, den er als Lehrer betrachtet. Und als solcher betrachtet, ist dieser Glaube nicht unvernünftiger als mein Glaube an viele Dinge, die man mir in der Schule beigebracht hat.

Nach den Tagen der Schule könnte man Grund zu der Annahme finden, dass das, was man in der Schule gelernt hat, falsch gewesen sei, und man könnte dann versuchen, zu widerlegen, was die Lehrer einem beigebracht haben. Thomas von Aquin ist sich dieses möglichen Szenarios bewusst. Bei den Glaubensartikeln ist er jedoch der Meinung, dass man Einwänden gegen sie direkt begegnen kann. Er denkt, dass es nicht bewiesen werden kann, dass das, was die Glaubensartikel verkünden, falsch sei, weil er der Ansicht ist, dass die Wahrheit der Wahrheit nicht widersprechen kann, und weil er denkt, dass Einwände gegen die Glaubensartikel beantwortet werden können.

Aber hat Jesus das gelehrt, was der Aquinate als Glaubensartikel bezeichnet? Und selbst wenn er es tat, gab er aus Überzeugung etwas Wahres oder Unsinniges weiter? Das sind schwierige Fragen, zu denen ich nun einfach Folgendes sagen werde.

Erstens sind sich akademische Bibelwissenschaftler oft nicht einig über den historischen Wert der Evangelien, wenn es um verschiedene Aussagen Jesu in ihnen geht, und sie kommen häufig zu unterschiedlich rekonstruierten Porträts des „historischen Jesus“. Aber es gibt keinen Konsens unter den Bibelwissenschaftlern darüber, dass die Evangelien das, was Jesus lehrte, systematisch falsch darstellen würden.

Zweitens war Thomas sich der Argumente bewusst, dass die Glaubensartikel zurückgewiesen werden könnten, weil sie möglicherweise nicht wahr seien, oder dass sie aus irgendeinem Grund inkohärent seien. Er setzt sich oft mit solchen Argumenten auseinander und bietet eigene an, die intellektuell nicht weniger anspruchsvoll sind. In diesem Zusammenhang möchte ich besonders auf Buch IV der *Summa Contra Gentiles* hinweisen. Thomas von Aquin präsentiert hier eine große Anzahl philosophischer Einwände gegen die Lehre der Dreifaltigkeit und die Lehre der Inkarnation. Er gibt auch viele Einwände gegen den Glauben an die Auferstehung der Toten wieder. Dann antwortet er ausführlich auf jeden dieser Einwände. Wenn Sie lesen, was er über diese Einwände zu sagen hat, finden Sie vielleicht Fehler in seiner Argumentation. Aber vielleicht stimmen Sie ihm auch zu. Ich glaube jedoch nicht, dass Sie sagen werden, dass die Argumente, die er zugunsten der Glaubensartikel vorbringt, schlampig oder ungenau seien. Theologen ignorieren oft starke Argumente gegen die Glaubwürdigkeit dessen, was sie als göttliche Offenbarung betrachten. Sie begnügen sich häufig damit, das, was sie als den Inhalt der göttlichen Offenbarung betrachten, zu beschreiben. Doch der Ansatz von Thomas ist anders. Er bemüht sich sicherlich, den Inhalt dessen, was er für die göttliche Offenbarung hält, zu formulieren. Aber er arbeitet auch hart daran, diesen Inhalt gegen Vorwürfe der Absurdität oder Inkonsistenz zu verteidigen. Thomas präsentiert wohl die detaillierteste theologische Widerlegung, die jemals gegen Einwände, die gegen die mögliche Wahrheit wichtiger christlicher Lehren erhoben wurden, ausgearbeitet wurde. Das ist einer der Gründe, warum sowohl Theologen als auch Philosophen weiterhin darüber nachdenken, was er zu sagen hat.

Thomas von Aquin ist lesbar

Ein weiterer Grund, warum sich Theologen und Philosophen weiterhin mit Thomas von Aquin beschäftigen, ist die Tatsache, dass er sehr gut lesbar ist. Philosophen und Theologen schreiben oft auf eine Weise, die viele Menschen als verwirrend oder unverständlich empfinden. Aber Thomas ist bemerkenswert klar in der Präsentation seiner Ideen. Dabei greift er oft auf ein zu erklärendes Fachvokabular zurück (daher Kapitel 2 dieses Buches). Sobald man dieses Vokabular einmal beherrscht, wird man jedoch feststellen, dass Thomas viel leichter zu lesen ist als viele Theologen und Philosophen. Er legt seine Argumente immer in einfacher Prosa dar, wobei er deutlich macht, was er woraus folgert und warum er es annimmt. Wenn man das, wofür Thomas argumentiert, ablehnen will, dann meist nicht, weil er es versäumt hätte, die Logik seiner Argumente deutlich zu machen.

In diesem Zusammenhang möchte ich auch darauf hinweisen, dass Thomas jemand ist, der leicht zu lesen ist, weil er sich nicht als Autor aufdrängt. Autoren der Theologie und Philosophie scheinen oft eine hohe Eigenwerbung zu machen. Doch Thomas tut alles andere als das. In seinen Schriften finden wir, dass ihr Autor selbst sehr zurückhaltend ist. Im Mittelpunkt stehen immer Argumente und das, was für oder gegen die Argumente spricht. Diese schriftstellerische Anonymität des Aquinaten wurde von Denys Turner in seinem Buch *Thomas Aquinas. A Portrait* gut herausgestellt.[22] Wie Turner beobachtet, lässt Thomas seine Worte für sich selbst sprechen. Er drängt sich nie auf, um den Rang und den Namen dessen hervorzuheben, von dem diese Worte kommen. Thomas hat keinen persönlichen Stil. Er strebt nicht danach, schillernd sich hervorzutun, und er ist kein Rhetoriker. Es ist ihm nie ein Anliegen, uns durch eine Demonstration seiner Cleverness oder durch seinen Jargon zu beeindrucken. Er ist ein Vorbild für Zurückhaltung. In seinen vielen Schriften, die in ihrer Quantität überwältigend sind, gelingt es ihm, in gewisser Weise zu verschwinden.

Einer der Faktoren, die zu diesem Eindruck führen, ist die Auseinandersetzung Thomas von Aquins mit Fragen. Er liebt sie einfach. Die *Summa*

---

[22] Denys Turner: *Thomas Aquinas. A Portrait*, New Haven, London 2013 (Yale University Press).

Theologiae und die *Summa Contra Gentiles*, wie auch viele andere Texte von Thomas, bombardieren den Leser mit Fragen. Und die Fragen sind nicht trivial. Es sind diejenigen Fragen, die die Menschen seit Jahrhunderten stellen. Es sind diejenigen Fragen, die den meisten Menschen, ob Akademiker oder nicht, in den Sinn kommen,. Was bedeutet es, ein gutes menschliches Leben zu führen? Welche Art von Dingen sind Menschen? Gibt es Gott? Was ist Gott? Was passiert, wenn Dinge entstehen und vergehen? Werden Menschen durch den Tod ausgelöscht? Gibt es in der Realität mehr, als unsere Sinne erkennen können? Diese und vergleichbare Fragen tauchen in Thomas' Schriften immer wieder auf, und sie werden sehr gut beantwortet. Manchmal werden sie sogar auf eine Weise beantwortet, die viele überraschend finden mögen.

Nehmen wir zum Beispiel die Frage „Was ist Gott?". Man könnte erwarten, dass Thomas, da er ein christlicher Theologe ist, eine ordentliche und endgültige Antwort auf diese Frage habe. Wie wir jedoch gesehen haben, lautet seine Antwort: „Wir können nicht wissen, was Gott ist." Aber Thomas schafft es, diese Antwort zu verteidigen, indem er sich sowohl an die biblische Lehre hält als auch den Unterschied erkennt, den es zwischen Gott und dem, was Gott gemacht hat, geben muss. Und ich denke, dass er sich hier auf eine gute Art und Weise verteidigt. Denn es ist sicher klar, dass, wenn Gott die Existenz des Universums zu jedem Zeitpunkt erklärt, Gott nicht Teil des Universums oder das Größte im Universum sein kann. Anthropomorphe Berichte über Gott werden oft von denen vorgetragen, die an Gott glauben, und sie werden oft von denen verspottet, die dies nicht tun. Ich meine, dass die Menschen oft so sprechen, als wäre Gott ein Mensch, wenn auch ein unkörperlicher, der viel mächtiger ist als jeder von uns. Manchmal sprechen sie so, als wäre Gott etwas, dessen Existenz mit wissenschaftlichen Mitteln nachgewiesen werden könne. Es überrascht nicht, dass Kritiker solcher Menschen feststellen, dass Wissenschaftler ihre Arbeit ganz gut ohne Bezug zu Gott erledigen können, während sie gegenüber angeblich wissenschaftlichen Argumenten für Gottes Existenz enorm skeptisch sind. Thomas steht jedoch da wie ein Mann, der zu diesen Streitenden sagt: „Die Pest auf eure beiden Häuser!" Auf der einen Seite hält er es für lächerlich, anzunehmen, dass Gott ein Gegenstand im Universum oder etwas in der Art sei (siehe Kapitel 4). Andererseits würde er es absurd finden, anzunehmen, dass alles, was ein Wissenschaftler sagen könnte, beweisen könnte, dass Gott nicht existiere. Und er bietet eine ziemlich ernsthafte Verteidigung seiner Schlussfolgerungen zu diesen Fragen. Er begründet die Annahme, dass Gott nicht eine groß geschriebene menschliche Natur ist. Er gibt auch Gründe dafür an, die bestreiten, dass die Wissenschaft allein uns sagen kann, was wirklich ist.

Der Gott der Philosophen und der christliche Gott

Eine der größten Errungenschaften Thomas von Aquins war es, zu zeigen, dass der Glaube an Gott philosophisch seriös ist – an den Gott, von dem die Philosophen sprechen können, der aber auch der Gott der Bibel ist. Es wurde oft gesagt, dass sich das, was Thomas über Gott lehrt, erheblich von dem unterscheidet, was die Bibel über Gott sagt. Und man sieht, warum diese Ansicht entstanden ist. Die Bibel stellt Gott häufig in sehr menschlichen Begriffen dar. Der biblische Gott plaudert mit Menschen wie mit Moses und Jona. Der biblische Gott wird auch manchmal als veränderbar und voller Emotionen wie Wut und Liebe dargestellt. Im Gegensatz dazu kann der von Thomas gepriesene Gott als höchst fremdartig erscheinen. Betrachten Sie zum Beispiel, was Thomas sagt, wenn er von Gott als einem ganz einfachen Wesen spricht (siehe Kapitel 3 oben). Für Thomas ist Gott keine Instanz einer bestimmten Art, sondern die unveränderliche Quelle aller Dinge, die Instanzen von Arten sind. Für einige Leser bedeutet dies, dass Thomas' Gott, im Gegensatz zu dem der Bibel, statisch, inaktiv, reserviert oder distanziert ist, oder uninteressiert an den Kreaturen – eine zeitlose Abstraktion oder eine platonische Form, fern von den menschlichen Angelegenheiten und gleichgültig gegenüber unserem Leiden.

Doch dieser angebliche Gegensatz zwischen der Theologie des Aquinaten und der Bibel ist aus folgenden Gründen oberflächlich und ungenau.

Erstens: Während die Bibel Gott oft in menschlicher Gestalt darstellt, besteht sie auch auf dem Unterschied zwischen den Geschöpfen und Gott als ihrem Schöpfer. So zum Beispiel Jesaja 40:

> Mit wem wollt ihr Gott vergleichen und welches Bild ihm gegenüberstellen?

> [...]
> Mit wem wollt ihr mich vergleichen, dass ich ihm gleich wäre, spricht der Heilige. Hebt eure Augen in die Höhe und seht: Wer hat diese Gestirne erschaffen? Der vollzählig herausführt ihr Heer, er ruft sie alle beim Namen. Wegen seiner Fülle an Kraft und mächtiger Stärke fehlt kein einziges.[23] [...] Weißt du es nicht, hörst du es nicht? Der HERR ist ein ewiger Gott, der die Enden der Erde erschuf. Er wird nicht müde und matt, unergründlich ist seine Einsicht.

Oder auch Exodus: Während Exodus 33,11 uns sagt, dass „der Herr früher zu Mose von Angesicht zu Angesicht gesprochen hat, wie man zu einem Freund spricht“, heißt es in Exodus 33,20, dass Gott zu Mose gesagt hat: „Du kannst mein Angesicht nicht sehen; denn niemand wird mich sehen und leben“; und in 33,23 wird hinzugefügt, dass Mose es ertragen muss, Gottes Rücken zu sehen, wenn die Herrlichkeit Gottes vorübergeht, da „mein Angesicht nicht gesehen werden soll“.

Noch einmal, und im Blick auf das Neue Testament, werden wir fündig bei Jakobus 1,17, der darauf besteht, dass „[j]ede gute Gabe und jedes vollkommene Geschenk [...] von oben herab[kommt], vom Vater der Gestirne, bei dem es keine Veränderung oder Verfinsterung gibt“.

Kurz gesagt, der Gott der Bibel wird immer wieder als derjenige dargestellt, aus dem alle Dinge ihre Existenz und Dauer haben, als einer, der so unvorstellbar und von der Welt verschieden ist, wie Thomas Gott versteht. Die Bibel sagt nicht, dass Gott „einfach“ in dem Sinne ist, wie dies von Thomas verstanden wird, wenn er von göttlicher Einfachheit spricht. Aber der Akzent auf Gottes Transzendenz findet seinen klaren philosophischen Ausdruck in dem, was Thomas über Gottes Einfachheit argumentativ darlegt.

Zweitens wäre es falsch anzunehmen, dass, wenn Thomas von Aquin sagt, dass Gott nicht veränderbar oder nicht zeitlich ist, er damit meinen würde, dass Gott statisch oder untätig sei. Thomas’ Satz „Gott ist nicht veränderbar oder zeitlich“ ist nicht eine Beschreibung dessen, was Gott ist, und er behauptet sicherlich nicht positiv, dass Gott statisch oder untätig sei. Dies wird nur als ein Ansatz für das angeboten, was Gott *nicht sein kann*, wenn er der Schöpfer aller Dinge ist. Daraus folgt aber nicht, dass Gott träge oder statisch ist. Wenn eine amerikanische Staatsbürgerin

[23] Jesaja 40,18, 25–26 und 28.

sagt, dass sie keine Republikanerin ist, würden Sie sich irren, wenn Sie automatisch davon ausgehen würden, dass sie sich selbst zur Demokratin erklärt; genauso falsch ist die Annahme, dass, wenn ich sage, dass ich kein Russe bin, ich damit sagen würde, dass ich Japaner oder Australier sei.

Auf jeden Fall ist klar, dass Thomas nichts für dynamischer oder lebendiger hält als Gott. Für den Aquinaten wirkt Gott in allen Dingen, indem er, d. i. Gott, die Dinge ins Sein bringt und tätig sein lässt. Für Thomas lebt Gott ohne Zwang in und durch das Handeln der Geschöpfe. Gottes Leben ist die Quelle aller Lebewesen, deren wir uns bewusst sind oder sein könnten, es sei denn, sie werden von Gott direkt beeinflusst. Für Thomas ist Gott – in den Worten des heiligen Apostels Paulus, zitiert nach der Apostelgeschichte – dasjenige, in dem wir leben und uns bewegen und unser Sein haben.[24]

Thomas sagt, dass Gott unveränderlich ist. Aber dann erwartet man natürlich, dass es auch im Tun dabei bleibt, denn Thomas denkt Gott als das, was alle Dinge und alle Veränderungen in den Dingen ausmacht. Er wäre inkonsistent, wenn er sagen würde, dass Gott unveränderlich ist, und gleichzeitig behaupten würde, dass Gott veränderbar sei. Er hätte natürlich lehren können, dass Gott irgendwie „da draußen" sei, wenn er das sich verändernde Universum beobachtet, so wie wir die Bewegungen der Fische in einem Aquarium beobachten können. Aber Thomas weigert sich, diese Haltung einzunehmen, da er sie für unvereinbar mit der Aussage hält, dass Gott dafür verantwortlich ist, dass es etwas gibt und nicht vielmehr nichts.

Sie mögen jetzt vielleicht denken, dass die Frage „Warum gibt es etwas und nicht nichts?", die in Thomas von Aquins Schriften immer wieder auftaucht, eine unzulässige Frage sei, die nicht gestellt werden sollte. Wenn man sie aber ernsthaft stellt, dann muss man davon ausgehen, dass es auf sie eine Antwort gibt. Und es ist aus verschiedenen Gründen, die Thomas angibt, schwer zu sehen, wie die Antwort in etwas liegen kann, das sich verändert, wie es die Dinge in der raumzeitlichen Welt tun.

[24] Apostelgeschichte 17,28.

Drittens sieht Thomas Gott nicht als abstrakt an. Insbesondere sieht er Gott nicht als im positiven Sinne unpersönlich an. Er glaubt nicht, dass Gott ein Mensch ist, wie Sie und ich Menschen sind. Dennoch argumentiert er häufig, dass es in Gott Wissen und Willen gibt. Wie wir gesehen haben, denkt er, dass Gott uns kennt und alles, was über uns wahr ist, weiß. Und wie wir auch gesehen haben, glaubt Thomas, dass Gott das Gute aller Geschöpfe will. Der Aquinate weist eindeutig die Vorstellung zurück, dass Gott eine Top-Persönlichkeit sei, so wie der Präsident der USA als eine Top-Persönlichkeit seines Landes angesehen werden kann. Thomas abstrahiert von dem, was er über die Inkarnation sagt, und erinnert uns daran, dass Gott überhaupt kein Mensch ist. Dennoch besteht er unerschütterlich darauf, dass es in Gott Wissen und Willen gibt, auch wenn er das Wissen und den Willen Gottes als etwas nimmt, das wir, da wir in diesem Leben aufgrund unserer natürlichen Art des Verstehens, zu der es gehört, vom physischen Kontakt mit den Dingen abhängig zu sein, unmöglich verstehen können.

Viertens behauptet der Aquinate nicht, dass Gott nicht in die Welt verwickelt sei. Tatsächlich ist Gottes Beteiligung an der Welt für Thomas ausgeprägter als für viele Theologen.

Man kann sich Gott als das Größte vorstellen, als die höchste Person, die wir gerne sein möchten, wenn wir mehr Macht und Wissen und moralische Integrität hätten, als wir dies tatsächlich haben. Doch ein solcher Gott wäre ein himmlischer Beobachter, der das Sein des Universums unterstützen würde, so wie ein Nagel, der ein Bild trägt, das an einer Wand hängt.

Im Gegensatz dazu, so denkt Thomas, stützt Gott nichts Geschaffenes. Vielmehr lässt Gott alles von Moment zu Moment existieren, so dass das Sein der Welt wirklich das Tun Gottes ist, der immer in den Geschöpfen aktiv ist. Aus diesem Grund, durch den wirklich anerkannt wird, dass Gott der Grund dessen ist, warum es zu jeder Zeit etwas und nicht nichts gibt, ist Gott so sehr in die Welt eingebunden, wie es nur möglich ist, denn Gott steht im Mittelpunkt des Seins von absolut allem. Aus diesem Grund kann man, wie es der heilige Paulus tut, sagen: „Doch durch Gottes Gnade bin ich, was ich bin“ (1 Korinther 15,10).

Meine Eltern brachten mich zur Welt und kümmerten sich um mich. Aber sie waren immer, in einem strengen Sinne, außerhalb meiner selbst. Thomas betont immer wieder, dass, wenn Gott der Schöpfer ist und nicht nur die Ursache dafür, dass etwas anfängt zu existieren – dass dann Gott im strengen Sinne in mir tätig ist, um mich und alles, was gut in mir ist, aus dem *Nichts* zu erschaffen.

Wie wir gesehen haben, ist eine der Erkenntnisse, die Thomas von Aquin aus dieser Schlussfolgerung ableitet, dass Gott nicht irgendwie veränderbar sein kann. Einige haben argumentiert, dass dies bedeuten müsse, dass Gott nicht wirklich etwas mit den Geschöpfen zu tun habe. Wäre es nicht viel schöner zu denken, dass Gott zum Beispiel wegen der Leiden, die wir ertragen müssen, mit uns im Leiden zu tun hat? Wie, so wurde gefragt, kann Gott mit den Menschen in Berührung kommen, wenn nicht durch mitfühlendes Leiden mit ihnen, wie man es mit seiner sterbenden Mutter im Krankenhaus tun würde?

Aber ein kurzer Moment des Nachdenkens sollte einen dazu bringen, zu sehen, dass (a) Mitgefühl für andere nicht buchstäblich Leiden mit sich bringen muss, wie diejenigen, die leiden, es erleben, so wie man auch Leiden erleben kann, ohne überhaupt Mitgefühl zu haben, und dass (b) Menschen, die Mitgefühl für andere Menschen haben, immer noch in einem ernsten Sinne außerhalb von ihnen bleiben.

Herbert McCabe hat ganz zutreffend gesagt:

> Unsere einzige Möglichkeit, dem Leiden eines anderen beizuwohnen, besteht darin, davon betroffen zu sein, weil wir außerhalb des anderen sind. Wir sprechen von „Sympathie“ oder „Mitgefühl“, nur weil wir außerhalb der anderen Person sind. Wir sprechen von „Sympathie“ oder „Mitgefühl“, nur weil wir sagen wollen, dass es fast so ist, als wären wir nicht außerhalb des anderen, sondern dass wir sein Leben oder ihr Leben leben, sein oder ihr Leiden erleben. Ein Bestandteil des Mitleids ist die Frustration, am Ende draußen bleiben zu müssen.[25]

Aber der Schöpfer aller Dinge, der, so dachte Thomas, kein Seiendes unter den anderen Seienden ist, kein Objekt in diesem Universum oder in irgendeinem vorstellbaren Universum, kann in diesem Sinne nicht

---

[25] *The McCabe Reader*, edited and introduced by Brian Davies and Paul Kucharski, London 2016 (Bloomsbury/t&T Clark), p. 14.

außerhalb von uns sein. Vielmehr muss der Schöpfer aller Dinge *in allen Geschöpfen* tätig sein, im Gegensatz zu dem, was es bedeuten würde, *an ihnen* zu sein. Er muss sie im Sein erhalten und mehr in ihnen sein, als wir es leisten können, wenn wir mit denen zusammen sind, für die wir sogar so viel Mitgefühl haben, wie wir es nur vermögen, so viel Mitgefühl, wie es spontan in uns entsteht, weil wir aufrichtiges Mitgefühl für die Menschen haben, die wir lieben.

* * *

So philosophisch, wie Thomas von Aquins Ansatz oft auch erscheint, ist er doch, als Ganzes betrachtet, durchaus biblisch und steht grundsätzlich im Einklang mit der Ansicht, dass Gott in die geschaffene Ordnung eingebunden ist. Es ist daher nicht verwunderlich, dass Thomas in verschiedenen theologischen Kreisen sehr geschätzt wird. Wenn man auch mit ihm über Details streiten mag, so ist es doch schwer zu leugnen, dass er ein großer theologischer Denker und ein ernsthafter Philosoph ist. Nur wenige Menschen haben es geschafft, diese beiden Tugenden zu vereinen.

Glossar der Schlüsselbegriffe

Akzidens: für Thomas: eine Eigenschaft, die etwas erwerben oder verlieren kann, ohne dabei aufzuhören, das zu sein, was sie von Natur aus ist

bestimmen (Verb): zwingen, erzwingen, nötigen

Enzyklika (päpstlich): ein veröffentlichtes Schreiben eines Papstes, das gerichtet ist an jedermann, aber besonders an Katholiken

Wesen: für Thomas: etwas, das Substanzen haben, während sie das, was sie sind, unabhängig von Veränderungen sind, die sie erfahren können; was etwas hat, soweit es sich um eine Substanz einer bestimmten Art handelt

Form: für Thomas: was in der Realität einer Darstellung dessen entspricht, was etwas ist, entweder als das, was es dem Wesen nach ist, oder als das, was es im Laufe der Zeit werden könnte, ohne aufzuhören, als das zu existieren, was es im Wesentlichen ist

Genus, Gattung: eine Klasse oder Art von Dingen, die eine Anzahl von untergeordneten Arten enthält, die als „Spezies" bezeichnet werden. Zum Beispiel sind Katzen katzenartig und sie fallen unter das Genus „Säugetiere".

Inkarnation (Lehre von der): die Lehre, dass Jesus von Nazareth im wörtlichen Sinne menschlich und göttlich war und ist

Potenz: für Thomas: das Vermögen, sich zu verändern

Reformation (protestantisch): eine christliche Reformbewegung, die im sechzehnten Jahrhundert in Opposition zu den damaligen Praktiken und Lehren der römisch-katholischen Kirche entstand

Offenbarung (göttlich): für Thomas: eine Lehre, die uns von Gott in der Bibel und besonders im Neuen Testament gegeben wurde. Dies ist für

Thomas eine Offenbarung, weil wir diese Lehre nicht durch uns selbst herausfinden können und sie deshalb gelehrt bekommen müssen.

Genugtuung (Rechtfertigung): für Thomas: eine Art und Weise von Versöhnung für etwas Falsches

Seele: für Thomas: das Grundprinzip des Lebens in allen lebenden Dingen

raumzeitlich: existierend in Raum und Zeit

Spezies: etwas, das als unter eine Gattung fallend einzustufen ist. Daher heißt es, dass eine Katze eine Spezies ist, die unter die Gattung „Säugetiere" fällt.

Substanz: für Thomas: ein natürlich vorkommendes Individuum in der Welt

Trinität (die Lehre von der): die Lehre, dass Gott Vater, Sohn und Heiliger Geist ist, ohne dass es sich um drei Götter handelt

Laster: für Thomas: eine Disposition oder Neigung, die eine Person haben kann, um in einer schlechten oder bösen Weise zu handeln

Tugend: für Thomas: eine Disposition oder Neigung, die eine Person haben kann, um in einer guten Weise zu handeln

Zur weiteren Lektüre empfohlen

Die folgende kleine Auswahl von Titeln zur vertiefenden Lektüre orientiert sich weniger an den Empfehlungen des Autors Brian Davies, da die betreffenden Werke kaum in deutscher Übersetzung vorliegen. Vor allem werden hier Titel genannt, die in deutscher Sprache verfügbar sind. Es gibt in deutscher Sprache nur wenige Einführungstexte zu Thomas von Aquin, allerdings hat sich dies in den vergangenen Jahren zu ändern begonnen.

Von Thomas selbst sind in deutscher Übersetzung verfügbar die *Summa Contra Gentiles,* die in einem Band im Verlag der Wissenschaftlichen Buchgesellschaft erschienen ist, und zahlreiche Bände der *Summa Theologiae*, im Verlag Styria (ältere Bände auch im Kehrle Verlag), von denen allerdings nur wenige lieferbar sind. Eine dreibändige, stark gekürzte Ausgabe der *Summa Theologiae* aus dem Kröner Verlag in der Übersetzung von Joseph Bernhart ist zum Teil lieferbar, aber wegen der m. E. schwierigen Übersetzung, die weitgehend alle lateinischen Fachbegriffe vermeidet, weniger zu empfehlen. In dem vorliegenden Buch finden Sie weitere deutsche Übersetzungen von Thomas von Aquin, etwa die der kleinen Schrift *Über das Seiende und das Wesen*.

Nach wie vor eine der besten Einführungen in das Gesamtwerk und das Leben Thomas von Aquins stammt von Josef Pieper: *Thomas von Aquin. Leben und Werk* (Topos Verlag). Von Rolf Schönberger gibt es die kleine Schrift *Thomas von Aquin zur Einführung* (Junius Verlag) aus dem Jahre 2012. Sehr zu empfehlen ist das Büchlein des bekannten englischen Schriftstellers (bekannt v. a. wegen seiner verfilmten Pater-Brown-Geschichten) Gilbert Keith Chesterton: *Thomas von Aquin*, das in verschiedenen Verlagen erschienen ist. Aus dem Jahre 2006 stammt die Monographie von Maximilian Forscher: *Thomas von Aquin*, erschienen im Verlag C.H. Beck. Im Aschendorff Verlag ist im Jahre 2017 in der Reihe „Zugänge zum Denken des Mittelalters" eine weitere Einführung des protestantischen Theologen Volker Leppin mit dem Titel *Thomas von Aquin* erschienen.

Eine der besten Schriften zu Leben und Werk des Aquinaten stammt aus der Feder von James A. Weisheipl: *Thomas von Aquin*. Das Buch ist im Jahre 1980 in deutscher Übersetzung im Styria Verlag erschienen und zurzeit noch antiquarisch lieferbar. Es konzentriert sich v. a. auf das Leben des Aquinaten und die Entstehung der Werke, in die jeweils kurz eingeführt wird.

Im Verlag *editiones scholasticae* gibt es eine Reihe weiterer Werke zur Einführung vor allem in die Philosophie Thomas von Aquins. Einen kurzen Überblick bietet Maurice de Wulf: *Die Philosophie des Thomas von Aquin*. Zur allgemeinen Einführung in die aristotelisch-thomistische Philosophie bzw. in verschiedene Fachgebiete der Philosophie auf thomistischer Grundlage gibt es den *Grundkurs Philosophie* in sechs Bänden von Rafael Hüntelmann.

In deutscher Sprache gibt es zudem den Internet-Blog „Scholastiker“, erreichbar unter www.scholastiker.blogspot.de. Der Blog enthält zahlreiche Beiträge zur Philosophie Thomas von Aquins und vertieft viele der im vorliegenden Buch genannten Themen und Fachbegriffe, oft im Kontext aktueller philosophischer Debatten. Dort finden Sie auch weiterführende Links zu anderen Websites.